江苏人民教育家培养工程丛书（第三辑）

相信学校

XIANGXIN XUEXIAO

沈 斌 著

江蘇鳳凰教育出版社
Phoenix Education Publishing, Ltd

图书在版编目(CIP)数据

相信学校 / 沈斌著. —南京：江苏凤凰教育出版社，2022.3

（江苏人民教育家培养工程丛书. 第三辑）

ISBN 978-7-5499-9885-2

Ⅰ. ①相… Ⅱ. ①沈… Ⅲ. ①基础教育—教学研究 Ⅳ. ①G632.0

中国版本图书馆 CIP 数据核字(2022)第 004249 号

江苏人民教育家培养工程丛书(第三辑)

书　　名	**相信学校**
作　　者	沈　斌
责任编辑	俞　婷
特约编辑	王红梅
出版发行	江苏凤凰教育出版社(南京市湖南路 1 号 A 楼　邮编 210009)
苏教网址	http://www.1088.com.cn
照　　排	江苏凤凰制版有限公司
印　　刷	南京顺和印刷有限责任公司
厂　　址	南京市江宁区麒麟街道天和路 78 号
开　　本	787 mm×1092 mm　1/16
印　　张	10.5
插　　页	2
版　　次	2022 年 3 月第 1 版
印　　次	2022 年 3 月第 1 次印刷
书　　号	ISBN 978-7-5499-9885-2
定　　价	28.00 元
网店地址	http://jsfhjycbs.tmall.com
公 众 号	苏教服务(微信号:jsfhjyfw)
邮购电话	025-85406265,025-85400774,短信 02585420909
盗版举报	025-83658579

江苏人民教育家培养工程丛书(第三辑)编委会

总序 FOREWORD

为江苏未来教育家成长奠基

纵观世界教育史，每一次深刻的教育变革都离不开教育家的参与和推动。邓小平同志在1986年就提出“希望中国出现一大批三四十岁的优秀的科学家、教育家、文学家和其他各种专家”。2007年《国家教育事业发展“十一五”规划纲要》明确提出了“倡导教育家办学”的方针。《国家中长期教育改革和发展规划纲要(2010—2020年)》也明确提出，要创造有利条件，鼓励教师和校长在实践中大胆探索，创新教育思想、教育模式和教育方法，形成教学特色和办学风格，造就一批教育家，倡导教育家办学。

倡导教育家办学，要在扎根于民族文化土壤的同时，吸纳一切人类文明成果，形成具有本土特色和全球视野的教育实践和教育智慧。在我国源远流长的几千年文明发展进程中，不仅积淀了丰富的教育话语体系，而且涌现出一批又一批的优秀教育家。如，有被推崇为“大成至圣先师”“万世师表”的孔子，有“匹夫而为百世师，一言而为天下法”的韩愈，有“捧着一颗心来，不带半根草去”的人民教育家陶行知，等等。

江苏素有重教兴学的优良传统。明清两代全国202名状元中，有66人出自江苏，约占总数的三分之一。新中国成立以来，两院院士三分之一以上是江苏籍。“十一五”规划以来，江苏认真贯彻国家、省教育规划纲要，坚持把优先发展教育作为强省之基，把科教与人才强省作为经济社会发展的基础战略，扎实做好教育改革发展各项工作。为顺应发展要求，江苏在2009年启动实施“江苏人民教育家培养工程”，旨在通过培养一批具有教育家潜质的校长、教师，带动全省师资队伍建设，提高全省教育质量。工程启动和实施以来，得到了省内外同行的高度关注，《中国教育报》《人民教育》等权威教育媒体纷纷予以报道，给予了很多的支持和鼓励。在工程的带动下，全省基础教育人才队伍建设工作蓬勃开展，人才梯队不断优化，人才培养形成常态化。无锡的教育名家培养工程、常州和镇江的名师工作室、苏州的姑苏人才计划、南通和淮安的名师名校长培养工程、连云港的中小学高层次人才"333"工程、泰州的中小学卓越教师培养计划、扬州的领雁工程等都取得了良好成效，为江苏基础教育事业的明天提供了人才支撑。

一、设计思路

古今中外的教育家，虽然成长路径各不相同，但他们身上都有一个共同特点，那就是都有强烈的发展愿景，都是积极主动、持之以恒地追求自我发展。而有计划的培养可以促其自觉、促其坚定、催其奋进、助其提高。实践证明，通过有效地整合社会资源，建立系统而完整的培养制度，对培养对象进行引领、促进、支持，给予他们相对良好的成长空间和必要的规制，有助于他们更快更好地成长。我们认为，确立"人民教育家是可以培养的"观念，是科学的人才观、发展观在师资队伍建设中的体现。

确立目标宗旨。为一批立志终身从教、教育理念新、科研能力强、专长突出、风格鲜明、发展潜力大的中小学教师和校长创造条件，提供平台，给予重点培养，帮助他们在教育理论素养和创新实践能力等方面得到全面提升，使其个人专长更加凸显，特色风格更加鲜明，为他们成长为社会公认的人民教育家奠定基础，并以此带动和促进全省中小学师资队伍水平的整体提升，为江苏建设教育强省、率先实现教育现代化、办人民满意的教育做出更大的贡献。

制订培养计划。工程实施的目标是培养基础教育高端人才。从2009年起，计划在全省范围内分四批选拔200名特级教师进行重点培养。200个培养名额，低于特级教师总数的20%，不到中小学专任教师总数的万分之三。分四批培养，每批50人，确保每一名培养对象都能享有足够好、足够多的专家资源、活动资源、财力资源和实践平台，保证培养过程更加具有科学性、针对性和有效性。

明晰选拔标准。分析近代以来我国教育家表现出来的特质，我们发现他们具有三个方面的共同特质：一是志存高远，具有远大的教育理想，"敢探未发明的新理"，善于发现和潜心研究教育问题，形成自己独到的教育思想；二是学高为师，具有丰富的学识和科学的经验，勇于探索，在办学理念和思路、学校建设与管理、教育教学方式等方面形成鲜明的特色和风格；三是身正为范，具有高尚的人格魅力，热爱学生，尊重学生，对学生有大爱之心，并有较大的社会影响。为此，在培养对象的选拔上，我们确定了"坚持一个基本条件、着重考察三个方面"的遴选原则。基本条件必须是特级教师，是"师德的表率、育人的模范、教学的专家"。在此基础上，着重考察培养对象是否有正确的、强烈的成长动机，有为人民教育事业奋斗终身的坚定理想和不懈追求；是否具有深厚的教育理论素养、文化素养和专业素养，有成为人民教育家的基础条件和发展潜力；是否具有高尚的人格魅力，在区域和学科专业领域内声望高、影响大、示范性强，受到同行、学生、家长和社会的广泛敬重和好评。

二、制度建构

“江苏人民教育家培养工程”是一项系统性工程，旨在探索高端教育人才培养的政策、制度和实践模式，以培养对象的教育思想、办学行为和先进事迹激发全省所有校长、教师的教育热情和奉献精神。经过五年的实践探索，逐步形成了一套比较完整的培养体系，制定了《江苏人民教育家培养工程实施指南》，形成了管理、培养、考核“三位一体”的培养工作机制。

建立了管理机构。在管理上，教育厅成立了“江苏省人民教育家培养工程领导小组”，负责培养工作的整体把握和指导，指定江苏省教育科学研究院负责工程的具体实施工作。根据培养对象的特点和研究方向，成立了分学段或分学科领域和学校管理等不同培养方向的五个研修组。与培养对象相对应，组建了五个专家指导小组，通过个别指导和集体指导相结合的模式，就培养对象的发展规划、研究方向、课题研究进行指导。

搭建了培养平台。在培养上，以“政府创设平台、专家引领指导、个人主动发展、团队共同提高”为培养机制，以帮助培养对象“提高师德修养、拓展教育视野、创新教学理念、提高教育教学能力水平”为核心培养内容，规划实施了九大系列培养计划：催生教育主张——培养对象理论素养提升计划；聆听高端讲座——培养对象知识结构更新计划；牵手农村教育——培养对象责任修炼计划；推动教育创新——培养对象实践模式构建计划；走近教育家——培养对象分类阅读计划；聚焦实践问题——培养对象小组合作研究计划；带动共同发展——培养对象团队建设计划；教育家办学——影响力论坛计划；行者无疆——教育考察计划。围绕计划，在2014年至2019年第三期培养对象培养期内，共开展省级集中活动20余次、小组活动近100次。

制定了考核制度。在考核上，省教育厅委托省教育科学研究院与培养对象签订“目标责任书”，依据目标责任书开展年度考核、中期考核和终期考核工作。其中，年度考核实行报告评价式考核，研修小组和培养对象每年要做一次工作总结，报告一次研修心得；中期考核在培养期的第三年举行，实行发展性评估考核；终期考核按目标责任书实行目标考核。培养周期完成，在个人考核的基础上，成立“培养工作评估项目组”，对项目实施情况进行整体评估。

提供了条件保障。主要从专家、平台、经费等方面为工程实施及培养对象提供专业支持、环境支持和政策支持。一是组建了专家指导团队，聘请了国内一流专家。目前共聘请专家119人次，其中为第三期培养对象聘请的专家有35人。二是设立省教育科学规划“十三五”人民教育家培养对象专项课题，鼓励培养对象申报教育科研课题研究项目，通过课题研究推动培养对象成长。三是为每位培养对象至少安排一次出国研修的机会、召开一次教育思想研讨会、资助出版一部专著，为他们形成教育教学思想创造条件。

三、实践成效

工程实施以来，每一位培养对象都以教育家的素养标准要求自己，经过五年努力，提升了综合素养，取得了很多教育教学成果，带动了区域内多元团队的共同发展，还通过跨区域的合作在更大范围发挥了重要作用。

素质显著提高。五年的研修对每一个培养对象来说都是一个迅速进步的过程，他们的专业素养与教育能力不断提升，教育思想已现雏形。其一，潜心读书，提升了专业素养。有的培养对象五年阅读了100多部专著，撰写了40多万字的读书笔记。其二，实践探索，提高了教育能力。通过构建自己的课堂教学模式提高课堂教学质量，通过成立名师工作室和建设学科基地发挥辐射作用，通过管理模式的变革寻求学校的优质发展，已成为培养对象的行为自觉。其三，活动研修，拓宽了教育视野，丰富了发展内涵，增强了服务江苏教育发展的责任感与使命感。其四，自省反思，凝练了教育思想。通过回顾和反思、梳理和归纳，做到更深刻地认识、更清晰地表达自己的教育理念，初步形成了自己的教育思想。

研究成果丰硕。五年来，各位培养对象在实践研究方面积极进取，取得了丰硕成果。据不完全统计，第三期培养对象公开发表论文880篇，其中在核心期刊发表191篇；编著图书79本，出版专著35本；主持市级以上课题（项目）研究166项，开设县级以上公开课、讲座1821节（次）；被媒体报道210次。教学办学上，他们不仅善于把自己的教育理念运用到实践中去，而且非常注重特色成果的形成，成为江苏基础教育改革大背景下一例例鲜活的典型。他们的教育教学实践获得了广泛认可，产生了深远的影响，累计获得各级各类荣誉表彰300余项。这些成果来之不易，体现了各培养对象不断超越、勤于探索的精神。

带动效应显著。培养对象皆有自己领衔的发展团队，不仅有学校管理团队、教师集体和学科教师团队，而且有市（区、县）的名师团队、骨干教师团队，为带动当地教师发展做出了很大贡献。在团队发展过程中逐渐形成了由“被动发展”走向“主动发展”、由“短期性发展”走向“持续式发展”的良好格局，表现出相当高的发展水平与强大的辐射力。另外，第三期培养对象共开展“牵手农村教育”活动近30次，覆盖近30个县、市（区）50多所农村学校，发挥了培养对象的专业服务作用，带动了农村地区教师专业发展。难能可贵的是，他们在成为“培养对象”后，依然有着清醒的自我认识。他们常常淡看自己的努力和成就，却对“机遇”怀有感恩之心。正如一位培养对象所说：“孔子的彼岸是闻达于诸侯，我在想我们的彼岸是什么？也许我一辈子也成不了教育家，但我可以拥有教育家的志向、教育家的情怀、教育家的理想。在培养工程一千多个日日夜夜里，我如农夫般日日耕耘，如哲人般时时自省。从此岸到彼岸，是岁月的距离，更是成长的步履。让我们揣着梦想、带着感恩、携着激情，执着行走在成为教育家的路上，不为彼岸只为海！”

当前，江苏教育系统正在全面学习贯彻落实党的“十九大”精神，全力推进教育现代化建设，坚持以立德树人为根本，以发展素质教育为主题，以提高教育质量为核心，以促进教育公平为重点，以服务经济社会发展为重任，以深化教育教学改革为动力，以扩大教育对外开放、提升教育国际合作交流水平为重要路径，以教育信息化为着力点，以争取加大教育投入、建设高素质专业化教师队伍为关键，探索建立中国特色现代学校制度，努力营造健康向上的校园文化和有利于教育改革发展的社会氛围，努力办好人民满意的教育。衷心地希望“江苏人民教育家培养工程”的实践探索能给我国推进教育发展和办学专业化、促进高端教育人才成长提供借鉴。

编委会

2020 年 11 月

自序 FOREWORD

于我而言，写作是生活方式，也是工作常态——观察、询问，倾听、记录，思考、决策、行动，寻找内在的因果关系。很多时候，写作并不为着某种特定目的。然而，当需要着手写一本书的时候，有些问题需要想清楚：为什么要写这本书？写给谁看？谁会愿意读它？读者能获得什么？①

当遇到日野原重明先生的《活好》的时候，读到“是非审之于己，毁誉听之于人，得失安之于术”②，我以为，写书就是明了己心、直指人心，说自己最想说的话，写心灵流淌出的文字。

2008 年，我以从事专职教研工作 8 年之久的身份回到学校。这是“重做新手，再出发”的转折——角色转变为学校管理者。我问自己：我在为谁工作？就是眼前这一群活泼、生动、具体的学生吗？的确如此。我必须面向、关注、关心、呵护他们。我们尽心、尽力、尽意的服务将可能助益他们的成长。③

我体察、呵问、聆听他们以获得启发：应该用怎样的心态工作，以怎样的方式予以回应？

我们试图就学校的未来发展做出规划，五年，甚至更长，也会对如何培养这些人做行动方案。秉持怎样的观念来做这些事情？我们试图去厘清它。有哪些达成目标和抵近目的的策略可以选择？我们常常艰难地去辨别和审慎地选择。

可以着手去做些什么？然后期待着这些教育行动能够有结

① 导师吴康宁的“学校是张力的存在”对我影响很深；袁振国老师曾经非常肯定我的“学校空间的设置与生产”的主题，他给予我启迪；陈玉琨老师则对我的“学校之美”赞誉有加，非常感激他的鼓舞；龚放老师的观点“学校发展，教师为要”，则直接构成了本书序章第三部分的主题；邹正老师在参与讨论的时候特别“体贴”——关注实践改善，体谅具体处境；喻小琴博士，不仅为我们的活动辛苦细致地搭建平台，更时常深刻参与讨论，她很敏锐。

② [日]日野原重明．活好[M]．甘茜，译．北京：人民邮电出版社，2018．

③ 钱穆．人生十论[M]．桂林：广西师范大学出版社，2004．

果。我们甚至还期望着用实证的方式去把握行动与效能之间存在的关联,然而,这如同向一口枯井扔下一颗石子,久久难以听到回音。因为,教育效能的彰显非常慢,十年,二十年,甚至三十年。眼前的事儿,着手容易确认却难。其效能,如果需要很长时间才能体现出来的话,就更难。到底可以从哪里开始呢?去哪里找那些教育系统中既不可删除,也不可忽略的"第一性原理"①?我想,每一位教育者都应考虑这个问题,并由此出发,坚定从容、不疾不徐。

办学者需要思考的基本问题——为何办学、为谁办学和怎样办学。我们需要对所办学校,有想象、憧憬和计划。有时候需要在头脑当中勾勒出某种形象——所培养的人具有怎样的内在气韵、外显气质、融合气场,以及他们能干些什么。

我们需要持续提高自己,在"思考·行动·省察"的连续体内考量如何办学,这是所谓的"办学者修炼笔记":写下点滴思考,记录行为表现,反思行动绩效。

通常,在教育现场,我们的角色是教师。学生将我们作为一个教学者来看待,若是有幸,还会被看作长者与智者。如果可以"愚直地、认真地、专业地、诚实地"投身于自己的工作,想来,一定是可以心生欢喜的。

我们需要醇化情怀、锤炼本领的"教学者精进手册"——做出妥当计划并精细实施,然后检验可能的效果,以此在生涯中享受到职业乐趣。

我们致力于养成终身学习的习惯——具有持续学习的意愿和能力,并能在未来的不确定性和变化中做出恰当的反应,获得人生幸福。这,绝对不是一蹴而就的事情,而是需要久久为功的。比如,不厌其烦的引导、指导、疏导,不畏其难的宽慰、肯定、鼓励、支持。这需要文化的滋养、环境的营造以及课程的架构,更需要师生之间、生生之间通过项目、任务、活动、作业来对话和交往、合作与互助。

我们需要"求学者养成指南"——常常翻阅、尽情圈点,时时对照、不断进步。

人们需要神圣时刻,以心无旁骛地观自在;也需要私人空间,以专心致志地察己心②。希望,你能遇见修炼笔记、精进手册、养成指南,使之成为你的助手,并以此为契机,取得超越它们的成就。在你的神圣时刻、私人空间,如果它们有幸伴你左右,这是作者的荣光。

一个问路的客人,遇到一个乐于指导、鼓励他的人,是幸运的;倘或,还有一群人携手并肩地同行、共修,能彼此唤醒和相互激励,则是快乐的。

我们知道,正是因为自我塑造、同伴启迪以及导师的勤勉教导,我们才成为了自己!

---

① 第一性原理(First Principle),是古希腊哲学家亚里士多德提出的一个哲学术语,他认为每个系统中都存在一个最基本的命题,它不能被违背或删除。第一性原理鼓励人们从最核心、最基础的部分出发,理解世界和解决问题。

② [美]梭罗.瓦尔登湖[M].王义国,译.北京:中国文联出版社,2015.

办学者、教学者、求学者，这三种角色之间的界限，在特定的语境中是清晰的。有时候却有些模糊——办学者需要求学精进，教学者需要思考培养怎样的人并做出独特而具体的贡献，求学者也会因为其个性视角、思维偏好而对办学者、教学者有所启示。况且，教他人学，是最好的学习方式。通俗地说，校长需要具备教师视角和学生立场；教师需要增强作为领导者和管理者的意识；学生则以自身的成长佐证着办学者和教学者的理念。

可以说，“三者”的修炼、精进和养成，是融为一体的，也是相互促进的。

学校作为人和人相遇的场域、互动的空间、联系的组织，能否承担起其社会责任？[①] 这在很大程度上取决于其是否具有彼此信任的氛围和机制。一方面，一个人相信什么，他未来的人生就会靠近什么。因为，相信什么，才能看见什么；看见什么，才能拥抱什么；拥抱什么，才能成为什么。另一方面，成人对孩子的教育力量来自其人格气象、学术素养，根本上则是源自孩子对成人的真实信赖以及从中获得的安全感。

归根结底，办学、教学和求学的目的是构建成长的可能空间，实现人的潜能。

为此，请相信学校，建设可信赖的学校，传递彼此的信任，不辜负所托。

① 郭文革.再论在线学习的灵活性：教室将变成一种“轻”资产[J].中国远程教育.2017(1).

目录 CONTENTS

前言　信念的力量

1897 年，时年 38 岁的杜威写下了《我的教育信条》。他以词条的方式，就什么是教育、什么是学校、教育的内容和教材、方法的性质、学校与社会进步等给出了高度概括凝练的回答。全文 65 段，每段均以“我相信”开始。这既振奋人心，又富有预见——教育是以个体对种族的社会意识的参与和分享展开的；学校是社会和社区生活的简单浓缩形式，教育即生活；社会生活是儿童成长的基础和中心；教育的方法要遵循天性发展的规律；教育是社会进步和改革的方法。①

60 多年后，布鲁纳写了《杜威之后，是什么》，同样就以上五个问题作出了回答——教育力求发展学生的思维能力和敏感性；进入学校就是进入智力生活；教育要重视知识的结构——那些值得学习的知识本身就具有统一性和结构性；教育的目的和过程是合而为一的；教育是社会变革的基本方式，教育过程要尽可能完全地成为变化着的生活本身。

又 60 多年之后，知识经济越发突出，万物互联成为可能，人工智能迅猛发展，全球化席卷世界每个角落。在这一大背景下，党和国家领导人，运用“中国智慧”，提出了“中国方案”，获得了国际社会的广泛赞誉。

此时，对以上五个问题的回答，我们是理想主义的，现实主义的，还是实用主义的？是乐观的，还是悲观的？教育何为，学校何为？教育如何为成长服务，学校如何为未来搭桥？这些均涉及了方向把握、方式选择等。教育、学校均需要与社会发展合拍，成为社会变革的一部分。

不同学校，处于不同发展阶段，在发展策略的优选、办学方法的施用上，还涉及区域教育格局的判断、地方文化的渗透，以及国家方针政策的考量等诸多因素。我们既需要全球眼光，也需要本土行动；既需要着眼未来，也需要着手当下；既需要面向世界，也需要立足地方；既需要分析思维，也需要整体盘算；既需要西方现代，也需要中国当代；既需要在点上突破，也需要关联理解……

对以上诸多问题的理解和解决，既考验智慧，更挑战信心和勇气。探索行动产生真实信念，坚定信念催生勇气并引导理性行动。

---

① [美]约翰·杜威. 我的教育信条：杜威论教育[M]. 彭正梅，译. 上海：上海人民出版社，2017.

一、人生观:人本取向

我相信,人具有先天的羸弱性和可塑性。人从出生始,便依赖于族群,否则,他不能存活于这个世界。然而,人又具有先天赋予的各种可能,如,大脑具有很强的可塑性,大脑在终身发展,大脑还具有重组、建立各种回路的可能,这是“未完成性”。人,需要不断地去完成自己。人的完成是目的——生命过程和生命意义是一体的。

我相信,人的完成是由于空间感以及人类特有的时间感。身心居于何处、向哪个方向变化,都可以被人觉察到。时空感造就了存在感。这种能力使得人能敏锐地理解自己。人以全部身心来感知自己的存在、和他人的联结,以及和世界的关系。在这一过程中,人塑造着身份,并不断重建着人格。

我相信,人在追求人生成功。这种成功,首先是掌控自己——掌控身体和心向,察觉情绪和情感,理解其偏好,追求某种精神上的把握,这些构成了人的自主感。其次,在所塑造的人格身份中,获得胜任感——胜任身份角色的言行要求,具体任务的完成以及特定问题的解决。再次,人在自主感和胜任感的基础上,因为与他人的联结,“有人喜欢自己,有人想和自己在一起,有人期望成为自己的样子”,从而获得某种情感上和精神上的富足,即人生意义的获得。人生成功,需要两大基石——热情所在、坚韧所及,探寻自己的热情所在,然后以坚韧浇灌之。

我相信,真实、完整的人生,在于身心合一、知行合一、表里如一、始终如一。既能专注手头事、人间事,也能独自面对己身、己心、己情,明了己欲、己想、己能①。

我相信,人们期待着享受人生喜悦。这时常需要直面人性,洞察其中存在的光亮部分,也不忘记、不回避其中的幽暗②。人在直指己心时,也更容易理解他人。一个人,若是在“我思考、我体验到、我想要”等方面有清醒的觉察,就更容易享受人生过程。一个人,若是在“所思、所感、所做、所求”上,能区分清晰,则更容易享受喜悦平静。这种清醒的察觉和清晰的区分,是领悟。领悟即功夫,功夫即境界。正如王阳明所说,大化流行与生命创造的合而为一。③ 也正如马克思所言,“要使人了解自己本身,使自己成为衡量一切生活关系的尺度,按照自己的本质去估价这些关系,真正依照人的方式,根据自己的本性的需要,来安排世界。”

我相信,获得人生喜悦,离不开锤炼人生本领。它体现在解决问题、完成任务和追问意义上。人生要能以有意思的方式展开意义追问和建构。④

---

① 林语堂.苏东坡传[M].北京:北京联合出版公司,2013.

② [英]休谟.人性论[M].张晖,译.北京:商务印书馆,1980.

③ 王阳明.传习录集评[M].北京:九州出版社,1985.

④ 人生意义是什么,似乎没有人能给出一个准确的答案,然而追问本身就是一种价值。这如同尼采的“酒神”所示。可参见[德]尼采.悲剧的诞生[M].李长俊,译.长沙:湖南人民出版社,1986.

二、教育观:学生为本

我相信,每个人天生都是学习者。正是因为人的未完成性,人要完成自己就离不开学习和其他活动。反之,人不可能成为他自己。

我相信,学习是个体从族群所获得的滋养——这是文化的力量,是"人之为人,人之利人,人之治人"的统合。如果将知识看成人类的全部文化经验和生存智慧,学习在很大程度上就是提升生产率——使用和创造知识。

我相信,教育即引出。正如第斯惠多所言,教育即唤醒天资。教育就是帮助学习者充分发挥学习天性,并享受探索的乐趣。也如《中庸》所说,"天命之谓性,率性之谓道,修道之谓教"。

我相信,教育在帮助人成为自己时需要珍惜以下几个方面:一是保护好奇心和鼓励创造力①;二是推动人找到自己的兴趣领域,并因此具有热情和专注,坚持和韧性;三是学习内容要对学习者而言是有意义的;四是尽可能多地创造真实的学习机会,以便学习者主动选择、参与过程并承担其结果②。

我相信,教育在帮助人成其所是时,越来越多地强调与生活的紧密关系。可以说,教育即生活,教育为了生活,为着创造美好生活。③

我相信,教育越来越需要突出以学生为本。古往今来,柏拉图在《理想国》中主张教育即国家保持。卢梭的《爱弥儿》主张教育即个体自由。④ 杜威则强调教育是从婴孩到成人的摆渡,目的是成为共同体,其设想是教育为着点滴的社会改良。⑤ 其后,胡适、陶行知强调共同自治。⑥ 马克思将教育看成总体的社会革命的一部分,强调教育即消除人的片面和异化,推进人的全面和自由。及至如今,经济合作与发展组织(OECD)主张突出学生主体和学习者的交往主体。

我相信,教育在创造每个人的最佳生活时,在掌握知识和技能,通晓方法和亲历过程之外,为着真正的情意养成和价值实现,将更多地聚焦于思维的提升,突出成长思维——创造美好未来的目的、渴望进步的主体以及系统准备的实作⑦。

我相信,教育越来越珍惜人们通过它获得鉴赏力和发展见识。这其中,最重要的是

① [美]沃尔特·艾萨克森.列奥纳多·达·芬奇传:从凡人到天才的创造力密码[M].汪冰,译.北京:中信出版社,2018.

② 张展晖.掌控:开启不疲惫、不焦虑的人生[M].北京:北京联合出版公司,2018.

③ [德]雅斯贝尔斯.什么是教育[M].邹进,译.北京:生活·读书·新知三联书店,1991.

④ [法]卢梭.爱弥儿——论教育[M].李平沤,译.北京:人民教育出版社,1985.

⑤ [美]约翰·杜威.学校与社会·明日之学校[M].王承绪,译.北京:人民教育出版社,2005.
[美]约翰·杜威.民主主义与教育[M].王承绪,译.北京:人民教育出版社,2001.

⑥ 胡适.四十自述[M].北京:民主与建设出版社,2015.

⑦ [美]M.尼尔,斯图尔特·M.基利.批判性思维指南[M].张晓辉,马昕,译.北京:世界图书出版公司,2012.
钟启泉."批判性思维"及其教学[J].全球教育展望,2002(1).

独立判断力。比如：知道哪些是胡说八道，哪些是真知灼见；喜欢就是喜欢，不喜欢就是不喜欢，尊重自己的判断。正是因为如此，受教育才成为最重要的事情，也是每个人自己的事情。进而，受教育成为一种积极的、欢乐的事情。

三、学校观：教师为要

我相信，学校是承担教育任务的社会组织，也是简化的社区；在学校受教育就是过一种简化的社会生活。学校的目标，是鼓励、帮助、推动学习者改善自己；是促进、支持、引导学习者学会使用不同的方式看待世界——以助益他人并获得幸福和满足。这些，让人的内在和外在都变得更为优雅。①

我相信，理想的学校，会使个人更优雅，让社会更美好。

我相信，理想的学校，是因为有一群优秀的教师。他们认识到职业的尊严，担负起维持正当社会秩序的责任，肩负着确保社会美好未来的使命。教师秉持一贯的价值观，并因此成为一个团队——对学习者共同发挥影响，一起扛起责任，不辱使命。这些人，正如曾国藩所言，是“呼吸相顾，痛痒相关，赴汤同行，蹈火同往，胜则举杯酒以让功，败则出死力为相救”②的共同体。

我相信，教师团队因为其所肩负的责任和使命，不仅仅是自己联合起来，而且与学生联合起来，成为相互学习、彼此成就的共同体。

我相信，在教师团队、师生共同体内，教师因为洞见“个体心理结构和成长规律”③，更能够引导学生。每个教师都和学生一样，致力于理解、把握和解决新问题。因此，持续成长，终身学习。④

我相信，无论是教师还是学生，都需要从智力的不诚实中解放出来，持续发展思维能力、判断力和见识。智力的诚实更多的是指向自身的，即对自己的偏见保持警惕，对立场保持审问，对观点保持着谨慎修正的准备。

我相信，作为组织的学校，为保证教师团队发挥力量，将高度重视其内部的组织架构和制度建设。这种合理制度的作用在于——一方面使得价值链和利益链之间保持一致；另一方面采用分权和授权相结合的方式，达到“恩益相济”的状态。

我相信，在发展学校的过程中，“赋能”将越来越成为高频度的词汇和做法。⑤

---

① 宗萨蒋扬钦哲仁波切．八万四千问[M]．严望佳，戚淑萍，译．深圳：深圳报业集团出版社，2016.

② 这是曾国藩创建湘军的建军标准。我以为，这不啻为团队建设的重要原则。曾国藩的“苦功夫笨办法”“结硬寨打呆仗”，也常被我引用以自勉和教导学生。他的交友法则“推诚守正，委曲含宏，而无私意猜疑之弊”“凡事不可占人半点便宜”“不可轻取人财”也为我所推崇。他的“躬身入局”则成为我的工作准绳。

③ 语出布鲁纳。参见[美]约翰·杜威．我的教育信条：杜威论教育[M]．彭正梅，译．上海：上海人民出版社，2017.

④ [美]卡罗尔·德韦克．终身成长：重新定义成功的思维模式[M]．楚祎楠，译．南昌：江西人民出版社，2017.

⑤ [美]斯坦利·麦克里斯特尔，坦吐姆·科林斯，戴维·西尔弗曼，克里斯·富塞尔．赋能[M]．林爽喆，译．北京：中信出版社，2017.

我相信，高度组织化的、愿景清晰的学校，将重视规划其未来发展：公开承诺，做出成果；保持思想、行动和文化之间的一致；廓清教师的专业意涵和职业责任；在共同体内以及利益相关方之间分享明确的计划。为成长服务、为未来搭桥，厘清以下问题：做什么，在什么时间做，谁做，做出什么，怎么做。正所谓“不离日用常行内，直造先天未画前”[①]。

① 此语出自王阳明《别诸生》。冯友兰在《中国哲学简史》中认为，中国哲学有了这种精神，它就是最理想主义的，同时又是最现实主义的；它很实用，但是并不肤浅。

第一章　办学者修炼笔记

相信学校，意味着相信学校的办学者；相信学校的办学者，也指向对学校的部分信任。当办学者可信，同时也意味着这所学校的办学思想是端正的，办学方向是正确的，办学方式是在深化的，办学策略是灵活的；意味着学校的组织和管理是有序而不僵化的，是严格有度而又不压抑人性的。

办学者，既可以指学校的创办者，也可以指学校的管理者。这里，取"教育家办学"之语境中的含义，即那些在实质上影响着学校的价值取向、内涵特质和形态构建的专业人士。也可以说，校长是办学者，教师也是办学者。

若办学者被指称为"教育家"，则他们是遵循教育规律的，是顺应时代呼唤的，是契合成长需求的，是在不断地寻找着美的学校的样子并付诸实践的。

他们充分准备，知道角色内涵和行事规则，理解工作内容和任务要求，精准把握办学的一般规律和具体学校的、特别的运行方式。在办学的过程中，因为笃定所求所需，恪守工作边界，牢记工作底线，所以知常容，言行平和，知快守慢。又因为对学校发展的阶段特征的深刻理解和卓越洞察，对所处的地域文化、社会期望有敏锐细致的认识，换位思考和整体把握相结合，在业已确定的办学目标基础上，凝聚利益相关者的共识，多方寻找并汇聚优质办学资源，办学的策略灵活且有效。即，在为目标寻找解决路径和办法上不断努力。①

第一节　何谓办学者

从我国教育起源看，最早的教育就是要让下一代掌握社会生活必备的技能，是名副其实的"生活教育"——处于什么样的环境下，过什么样的社会生活，就受到什么样的教育。② 这，有强烈的目的性，但缺乏专门的计划性。自古以来，教育的基本方式就是两种：身教和言传。教育是社会所需要的劳动领域之一。

随着生产力的提高和文字的出现，出现了专门的场所——学校，和专职人员——教

---

① [美]戴维·W.约翰逊，罗杰·W.约翰逊.领导合作型学校[M].唐宗青，等译.上海：上海教育出版社，2003.

② 孙培青.中国教育史[M].上海：华东师范大学出版社，2000.

师。现在看来，孔子等众多教育家的教育思想依然值得现代学校[①]借鉴，从中获得滋养。[②]

从春秋战国的先贤诸子，到当代教育家陶行知，对教育的目的、内容和方法均有自己的主张。

孔子重视教育的作用，提倡有教无类，要培养德才兼备的君子，确立了六艺的教学内容，总结了有效的教学方法，主张自觉修养德行，树立教师的典范。墨子因为兴天下之利、除天下之害，而推行教育，主张兼相爱、交相利，培养"兼士"和"贤士"；教育内容则是"各从其所能"的实际本领、"通六艺之论"的文史教育、"言必立仪"的思维能力教育，提倡主动、实践、创造和量力的教育方法等。孟子以性善论作为教育理论的基础。教育是扩充善性的过程，教育目的在于"明人伦"。理想人格就是"大丈夫"。荀子认为学习过程是"闻—见—知—行"，尤其重视教师的作用，所谓师道尊严，尊师、严师。黄宗羲强调"力学致知、学贵适用、学贵独创"。陶行知的生活教育论则指明，生活即教育，社会即学校，教学做合一。

由此可以得出如下结论：学校是一个专门将不完善的人、有待发展的人进行社会化的机构；学校要有明确的教育目的，即培养什么样的人；现代学校是教人求真、向善、尚美的地方，培养的人要能明物理、明事理、明人伦；现代学校要帮助人逐渐适应现代社会，并鼓励他们去适应和创造未来社会。

随着社会的进步与发展，人们不断地追问，到底怎样的教育是好教育，怎样的学校是好学校。[③]

现代好学校应该有如下的基本特征：(1) 明确而可行的教育哲学，即教育目标、教育思想、教育程序和办法的凝练表达。(2) 努力为学生提供个性化的课程组合，即保证国家、地方课程的实施并创生校本课程，让学生可以根据自己的个性特点选择"好的""适应的"的课程。(3) 让学生过好课程生活，在每门课程的实施过程中，注重师生的生命体验。(4) 了解每个学生，为其提供个性化学习问题解决方案；了解学校的每个教师，在他们的学科素养提升、人际交往和谐和围绕目标不懈努力上不断要求、促进和支持。(5) 让每个学生和教师能够高高兴兴地到来，充充实实地学和教，开开心心地离开。(6) 保障每个师生有持续的学习意愿和能力。[④]

学校好与坏的关键在于其办学者——

是否遵循教育的"第一性原理"，具体化为明确、可行的教育哲学和办学理念；

---

① 包亚明.现代性与空间的生产[M].上海：上海教育出版社，2002.

包亚明.后现代性与地理学的政治[M].上海：上海教育出版社，2001.

② 孙培青.中国教育史[M].上海：华东师范大学出版社，2000.

③ 傅国涌.美的相遇：傅国涌教育随想录[M].上海：华东师范大学出版社，2017.

④ 这部分内容受朱永新先生"我心目中的理想学校"启发而成。朱永新.未来学校的15个变革可能(下)[N].江苏教育报，2017-2-15(4).

是否引导教师努力为学生提供既具共性基础要求又满足个性特别需要的课程组合，是否尽其所能地创设条件让学生过好课程生活，是否鼓励每个学生，使其被教师所了解、理解，以便教学相长、共情同进；

是否激发教师潜能，创设独特的校园文化从而使学校成为师生寻找生命快乐和意义的园地；

是否采取一切措施保障每个学生和教师有持续的学习能力和意愿。

办学者的使命，可以概括为：帮助和支持学习者成为更好的人，使其实现潜能，获得终身幸福的能力。办学者，需要对师生员工、家长和社会做出如下承诺：学校将向什么方向发展，学校和办学者要怎样做，将做什么。办学者必须将自己的使命和办学成果相结合，这是办学的一般原则。

一、办学者领导学校

领导学校，是基于教育现状的改进，是着眼未来的当下行动，是坚守本义要旨、传承优秀文化的笃定和从容，也是创造新经验的勇气和自信。

领导学校，是要回答办学的基本问题。

一是回答为谁办学、办怎样的学校。具体包括：办学哲学、办学愿景、办学目标和培养目标。它们是如何形成的？国家政策、地域文化、社会期望、教育理解、未来所需等在具体学校的综合、生成、提炼和升华。既要解释得清楚，也要能用教育故事加以演绎；既说得出、看得见，更要能被人们感受到。这里要避免两个误区：一是不重视，说不清楚；二是两张皮，说的一套喊口号，做的一套凭经验。

二是回答怎样办学。具体包括办学思路、办学策略、文化主张、系统举措和阶段检验。

领导的最大价值和作用在于凝聚人心——心往一处想，劲往一处使。因为志趣相投，“同声相应，同气相求”地共同“踏”出学校发展路径：确立方向，整合资源，研制措施（策略），坚持品质，提高效能。

1. 确立学校发展方向

如何明晰方向？一是契合国家、社会、经济、文化发展对“未来人”的需求和期望，对此做出教育性的回应和组织化的回答：服务社会、创造未来。二是符合教育的本义，即指向人的潜能实现以及社会化程度的提高。这种教育的本体功能主要体现在两个方面，一方面是“走向独立”（个体生命的自立性），另一方面是“学会共处”（群体生活的和谐性）。在走向独立方面，重要的是人格的独立和思维的独立。只有摆脱人格依附，人的主体性才能彰显；只有思维独立，才是真正的人的独立。在学会共处方面，一方面是人和自己内心的共处——保证人的整体性；另一方面是建立人和他人之间“我・你”关系——基于同理心（同情心）的主体间性对话关系，具有促进交往主体更完整和完美的价值。三是根据生源状况将学校发展的方向定位在两个不同层次上：使受教育者从优秀走向优秀，使受教育者从平庸走向优秀。

在学校发展的具体阶段，其方向上可以有、事实上也应该有差异。既可以是规范化水平的提高，也可以是专业自觉性的提高。在学校开办的初期，首要的任务是基于一贯的价值倡导建立良好的运行秩序，即"规范发展"；在此基础上，才是努力创造，比如"二次开发"课程、提升校园活动品质，这也是积累学校知识，即"模范发展"。所谓学校课程的二次开发，主要是对国家课程、地方课程的适应性加工和改造。一是对课程标准"检验点"的细化；二是使素材性资源更能被学习者理解；三是学习活动更具有地方文化的特点，使学习者更容易参与。更进一步的是就学校、教育中普遍存在的难题，做出系统性的思考和原创性的解决，并对其他学校具有启发和引领，即"示范发展"。此外，因应外部形势要求，基于内在条件评估，学校在具体的发展策略上也要有差异——有的是全面提高，有的则是重点突破。

确立学校发展方向包括审视学校性质、掌握核心策略、描摹发展愿景和分解阶段目标等内容。可以说，确立学校发展方向至为重要。方向若是错了，则越努力越偏离了轨道。方向的确立，一方面要符合学校的内涵发展要求，另一方面要符合学校发展的形态变革需求，即良好公众形象的塑造和维护。

2. 整合学校发展资源

如何进行资源整合？

需要树立的一个基本信念是：当下，我们并不缺乏教育资源，优质资源无处不在，关键是"在具体的场域中，寻找一切可能的机会，将优质的资源寻找到，并足够地吸引和有效地聚合"。整合包括了"整""分""合"三层意思。在国际和国内两种资源观的观照下，国际视野、本土行动是个可选的策略。资源会主动出击，有必要加以甄别和遴选，为我所取。寻找资源，既要主动，也要积极，更要笃定和从容，为我所用。

整合资源的策略可以从"不问动机，但求实效"的角度出发，在执行过程中加以明确、规范、互动和引导。学校领导者需要清楚：整合资源的最重要的动力是源自事业心以及事业前景的感召。教育即是"人影响人、人启发人、人提升人、人发展人"，因此，将"人"的因素加以充分考虑，将学校的人力资源加以开发和妥善运用，是重要的课题。

3. 研制学校发展策略

如何拟定学校发展的具体措施？

首先要从学校发展战略上整体把握，即契合正确方向，符合价值取向，依赖于资源的聚合度，不违背发展品质的诉求，有利于提高效能。其次是重视"规范人、提升人"——洞察人性且有信心地尽力提升人的境界和层次，使人的终身学习成为可能，将人看成是整体的、发展的、具体的。另外还应考虑措施的具体性、可操作性、合目的性、系统性（需要整合成策略），既有顶层的预先设计，也有过程中的动态生成。任何具体的措施总是为目的服务的，对任何措施加以评估，要放在特定的阶段中，一是考察其合目的性即合理性[1]，二是考察其合情性。

学校发展策略可以看成是发展愿景的具体化，也是发展目标和发展措施的统帅，还是对发展的内涵特征的概括。如2010年常州外国语学校所确定的发展策略是："在坚持教育优质、管理优化、和谐发展的基础上，把常州外国语学校打造成为一所具有国际教育元素、人文精神浓郁、办学特色鲜明的现代优质学校。"

4. 坚持学校发展品质

在学校品质坚持上，要体现出专业机构的基本特性，教师表现出专业人员的重要特点——唤醒主体性、提高主动性、激励自觉性、引导创造性。学校和教师的专业形象就在于"作用不可替代""从业人员养成的体系、入职资格所需步骤、职业提升标准明确""专项技能要求高"等。

无论是学校整体还是教师的个体和团队，都可以从"专业"的层面加以审视，即专业意识、专业资格、专业知识、专业技能、专业自觉、专业服务（行动）、专业伦理。其中，专业意识的觉醒和专业技能的提高是两个重要方面。

一个成人世界派往儿童世界的大使——教师，一个亟需发展的未完成的人——学生，相互作用的公共空间——校园环境，对话交往的具体发生——教育过程，就构成了学校教育的完整形态。

目前，可以在生活的意义范畴内，从生命的延续和提升上，对学校品质进行思考。比如，在构建完整的校园生活上，一是看师生协同的课程修习，二是看师生日常的交往，三是看发展性游戏序列的形成。[2] 从某种意义上讲，不断创造"在一起"的高质量的空间、时间、机会和载体，就是学校发展！当然，也可以适当具体化地对其进行讨论，比如办学者的教育理解和办学主张，教学者的专业化程度、水平和表现，支持每个学生成为更好的自己的校园生活的构建，涵养其独特气质和精神风貌的体制、机制和氛围。[3]

5. 提高学校发展效能

基于以上分析，借鉴经济合作与发展组织（OECD）的学校效能框架，通过以下几个"有"可以综合地提升学校效能。

有气度的领导。"想做什么，怎么做，如何说明做得好了"，要清晰。对工作进程加以整体把控，对文化气息加以切身体悟，感同身受，身临其境，要友善。切实地作为促进者，"为什么要这么做，这么做好在哪里"，要分享。"怎样做会更好，细致入微，鞭辟入里"，要专业。有能力将好事情做好，有魄力面对困境，有勇气破解难题。

有一致的目标。将向何处去，实践将围绕着目标有步骤、有节奏地展开。这既需要分享，也需要权与责的边界厘定和廓清。既需要分工，更需要合作。君子和而不同。为

---

① [美]罗伯特·福格林. 行走于理性的钢丝上：理性动物的不确定生活[M]. 陈蓉霞，译. 北京：新星出版社，2007.

② [美]约翰·杜威. 我们如何思维[M]. 伍中友，译. 北京：新华出版社，2010.

③ 王定华. 启动学校品质的提升[J]. 人民教育，2015(12).

着达成目标，一是细致组织人员，让合适的人在合适的岗位上，以长善救失，发挥潜能；二是目标得以细致分解，形成任务单、时间表和路线图；三是行动的展开需要有跟进性的、嵌入式的评估以及有目的、有依据的灵活调整。

有目的的教学。教学要分层，学习活动的目的要明确，教学的展开条理要清楚，以适应学生的差异。“坐在学生的板凳上开始教学”——要让人“看到”自己的具体进步。将学术性作为重点。最大限度地提高学习效率。最大可能地支持有目的的学习及其自由。最大程度地提高学习的积极性、主动性和有效性。

有期望的评估。对学生的每个方面均寄予高期望，清晰而且有效地传递期望。对学生提供智力上的挑战机会，增强他们的自尊和自信。

有担当的支持。检测、监控学习进步。给予学生支配、掌控学习以尽可能多的机会和载体。向学生强调清晰、公正的纪律。对越过红线的行为温和而坚定地说“不”，对在黄线上的行为给予严肃而坚决的警告，对其他行为则保持足够大的包容和善意的欣赏。

有和睦的关系。尽可能提高学校公共交往的机会和载体，尽最大努力扩大共同兴趣领域并协同行动，促进合作的深度及其真实发生。

有卓越的组织。教职员工的发展坚持“学校为本”的方向，“无惧平凡、鼓励卓越”的氛围，“差异性、针对性”的支持策略和评估反馈体系。所谓平凡，是指能胜任岗位的基本要求；所谓卓越，是指能起到岗位示范的作用。

有怡人的环境。营造井然有序的运行方式，构建和善与合作的人际关系，进行便利的资源推送以及创造促进交往和对话的空间。

二、办学者管理学校

管理，即实现组织目标。作为同时也是办学者的管理者，要明确知道，管理学校既要遵循一般要求，更要基于学校的特殊性，突出“人”在管理中的重心所在，并将其摆在焦点位置上。

1. 管理学校的一般要求

学校管理具有一般管理的规律和要求。需要恰当的组织行为，需要重规范，讲规矩，做标准，做流程，守边界，守底线①，比如布置工作要从上而下讲究层级，不可越级，检查工作则可以一竿子到底。否则，就会乱套。通俗说，不怕套路深，不怕套路多，就怕没套路。其适用的范畴包括学籍管理、人员进出、会务接待、重要节点把握、重大事项安排等等。要及早谋划，强化设计。忌讳临时起意、越级指挥、仓促上马、没有首尾、个人喜好以及政出多头，避免秩序混乱，甚至组织瘫痪。

2. 管理学校的特殊性

学校管理具有特殊性。这种特殊性体现在以下几个方面：一是教师管理。教师是

① [法]埃哈尔·费埃德伯格. 权力与规则——组织行动的动力[M]. 张月，等译. 上海：上海人民出版社，2008.

知识分子，也是专业人士。二是学生管理。学生是成长中的人，是有待发展的人，是面向未来的人。三是教学管理。教学既有科学性，也有艺术性。科学性讲究"是不是、对不对"，艺术性讲究"好不好、美不美"。前者遵循一般规律，注重共性和规范；后者尊重教师的特长和风格，推崇个性。

对于学校的可持续发展而言，教师的主动性、自觉性、专业性最为重要。教师团队共进，在于增强集体意识、身份认同和珍惜学校荣誉，也考验学校挖掘教师潜力的智慧。正如习近平总书记所强调的，发展是第一要务，人才是第一资源，创新是第一动力。

从对人的管理角度看，管理学校的关键在教师，要特别讲究尊重和真诚，忌讳粗暴、虚伪和不信任。办学者如何面对教师？一是关心教师。平等对待，不摆臭架子，不耍威风，和教师交流平等亲切，善待教师。走近、走进教师，了解教师的生活情况、专业发展意向、工作困惑等等，凝聚学校资源，协调解决教师工作和生活中的问题，消除后顾之忧。二是尊重教师。学校作为大家庭，氛围是不是温馨、温暖感人，这个问题的关键在于办学者能否看到教师的付出，能否尊重教师的初衷和苦心。三是发展教师。要让教师有更高层次的专业发展和职业发展，而不是死做、苦做，做得苦，做得死板和僵化。而在引导学生成长的这一学校管理的重点内容上，要"通过教师、支持教师"，讲究"助益、倾听"，避免"成人的自以为是、强制压迫和简单粗暴"。

办学者在应对外部诸多挑战时，常常需要"反求诸己"，苛问内心，此时，人生的榜样就将发挥极大的作用，使胸襟足够旷达，使人生有豁然开朗的境界①。

概而言之，办学者领导着学校，管理着学校，这是漫长的过程。以下各节主要是从内容和领域展开的，其基本思路是"基于怎么想，说明怎么做"。毫无疑问，无论是做发展规划，还是形成育人方案，抑或是明确教学主张，从过程来看，都包含着如下环节：调查研究、摸清家底；综合研判、形成结论；确立策略、设计行动；整体部署、系统跟进；阶段反思、灵活调整；循证改善，与时俱进等。

第二节　研制学校发展规划

研制学校发展规划，一是为了学校有目的地系统改进，二是为了帮助学生赢得未来。

具体而言，学校是读书明理的地方，是交往明伦的场所。可以将规划学校发展的方向分为两个基本维度：一，予人便利（物对人友好、人对人友善、人对物妥善、人对己和善），给人信心（己立立人、引人入胜），给人希望（创造未来、未来可期）；二，学校的存在，要引发师生人生思考的乐趣，探究世界的好奇，追求美好的心愿以及强化善念、护持善

① 林语堂．苏东坡传[M]．北京：北京联合出版公司，2013．

意和表彰善举，核心策略则是尊重天性、唤醒同情、提升人性。

一、恪守本义，关注本质

我们牢记着，教育要面向世界、面向现代化、面向未来。更要用沉潜心态来稳重行走，心不可浮，气不可躁，理想信念不可失，脚踏实地更可贵！

1. 指向"未来"的教育思考

人类是否越来越需要成为共同体？这个共同体中，每个个体的价值和尊严如何体现？只有准确理解"未来"[①]，学校教育才有可能回答"应该给予学生怎样的基础"这个问题。

如今，新科技层出不穷，智能机器人、意念控制的假肢、自动驾驶、虚拟现实……科技的突破，突破了什么，困境还是人类道德伦理？科技，这把双刃剑，怎样才会让人类不害怕，人类又该如何从容应对科技飞速发展的时代？[②]

就以上内容引申一下，让我们来思考：怎样的人能够不惧未来，即应对未来的挑战，在未来立足，并能够创造美好的未来？这是值得每一个教育者持续观察、思考和应对的切实议题。

此外，越来越明晰的是：教育，将在人类共同命运、国家富强、民族复兴、社会进步以及个体生命意义发现上，发挥越来越重要的作用。

学习是人的天性。学会认知、学会做事、学会做人、学会合作、学会改变[③]。尊重人类天性，关注人类命运，关怀人心走向。

基于国家认同和民族大义，将个体的发展界定在助益他人、推动社会进步上。

2. 学校存在的本质意义

学校存在的价值，就是满足个体成长的需求。而成长需求是复杂的，一是个体的，一是国家的，一是未来性的，一是国际关联的，引导人发现自己的潜力，支持人发展自我、实现潜能。学校，要能敏锐地察觉群体的、个体的学生的成长需求，并去满足和支持。具体而丰富的个体，需求多样，要寻找最大公约数，奠定学校课程的基础，尽力满足特殊需求，努力扩展课程的丰富性。

3. 永远关注教师群体发展

教师，既需要彰显职业性，也需要着力体现专业性。教师的职责，越来越少地表现为传授知识，越来越多地表现为唤醒学生自我发展意识，引导学生自我定向与规划，鼓励思考，支持和赞赏学生的梦想、好奇及其行动。

---

① [英]加文·维特曼. 发现未来：重塑世界的五大发明[M]. 张金凤，译. 北京：中信出版社，2017.

② [美]阿兰·柯林斯，理查德·哈尔弗森. 技术时代重新思考教育：数字革命与美国的学校教育[M]. 陈家刚，程佳铭，译. 上海：华东师范大学出版社，2013.

③ 联合国教科文组织. 教育——财富蕴藏其中[M]. 联合国教科文组织总部中文科，译. 北京：教育科学版社，2014.

教师彰显自身职业价值的方式，一是开发并实施课程；二是展开高品质对话，帮助学生诞生精彩观念；三是引导思维走向批判性和创造性——学会思考；四是基于承认人类无知[①]的观点，对自身偏见、误解、盲点等保持审慎，让人持续地确信自己的思想发展、情意发展和精神提升。

教师即课程。课程，从内容到实施的组织方式，从围绕核心素养[②]到满足成长需求，需要寻找到“经”和“纬”，加以编织，可成课程体系。

课程，需要具备严格的体系性、丰富的选择性、切实的适当性。比如，学科课程——发现学科意义，凸显人类智慧；活动课程——突出经历价值，促进个体感悟；“贯穿”课程——呈现世界整体面貌，洞察事物本质，如知识论、美德论等；艺术与创造教育——具有审美[③]的主张和创造美的能力，如 STEAM[④] 项目；体育活动与体育升学准备——一方面是基础性的、普遍性的需要，另一方面是属于兴趣领域的，并发展成特长领域的需要；围绕心灵养成的课程项目——关注人的精神成长和情感需要。

4. 秉持“现代”学校方向

现代学校的治理，目的是内外关系理顺，运行有序高效，不断追求卓越。关键是利益相关方的边界清晰，各主体应该做什么，能做什么，不该做什么，怎么做，要清晰明了。权力和利益如何分配，是否和履职尽责密切相关。学校章程是基础，运行机制是关键，质量监控要到位(尤其是对“不满意”的及时恰当回应)。做到讲制度、讲规矩、讲纪律，讲专业、讲大局、讲厚生[⑤]。

除了以上四点之外，我认为，在如今的时代，善用科技和勇于变革亦尤为重要。

科技方面，学校要建立基于互联网、物联网的学校运行体系、课程统合体系、教学组织体系和学习支持体系。具体包括：学习的逻辑、互联的思想、关系的思维、整体的把握以及本真的坚守。消除对新技术的恐慌，保持对困难的预见。

变革与规划就是要脚踏实地做理想学校。课程有高品质，学生有大成长，活动要上格调，教师有美感受。实施规划，也是艰苦探索、乐此不疲、助人自助的过程。能让教师感受职业的充实感、成就感和幸福感。无论工作和生活多么让人紧张焦虑，我们还是可以一起坐下来吃饭，太阳照常升起。师生一起，做自己真正想做的事情，去尝试，投入其间，并坚持。技术与艺术的法子都可以尝试，对世界温柔以待，独立友善，理性务实。

---

① [法]米兰·昆德拉. 无知[M]. 许韵，译. 上海：上海译文出版社 2014.

② 顾明远. 核心素养：课程改革的原动力[J]. 人民教育，2015(13).

③ [美]艾朗诺. 美的焦虑：北宋士大夫的审美思想与追求[M]. 杜斐然，刘鹏，潘玉涛，译. 上海：上海古籍出版社，2013.

④ 是科学、技术、工程、艺术和数学的简称，是综合学习的一种类型，也是欧美发达国家近几年大力倡导和实施的学习项目。

⑤ 厚生，使其富足、充裕。这里指办学者想方设法地为师生员工谋利益，善待师生，充裕其生活，富足其情感与精神。

如此，我们才可能实现“属守本义，关注本质”，恪守着教育的本来意志，关注着学校的本质要求，在未来的社会中拥有一席之地。

二、文化立校，执着追梦

国学大师钱穆说过，“一切问题都由文化问题产生，也都该从文化问题来求解决。”[①]一所学校的灵魂是她的文化。学校文化，是在一定的社会背景下，以学校为地理环境圈，全体师生在长期的教育实践过程中所积淀和创造出来的，并为其成员所认同和遵循的价值观、精神、行为准则，及规章制度、行为方式、物质设施等的整合和结晶。学校文化建设的重要意义在于，它能够影响人的思想、规范人的行为，其最高价值在于促进人的发展。

1. 教育使命与愿景

教育是与生命一体化的崇高事业，教育的最高价值是帮助人激扬生命活力、体验生命乐趣、发现生命意义、实现生命价值。学校的使命与梦想就是在正确的育人理念下促进教育价值的实现——为发现生命的意义而存在和准备。为此，常州外国语学校（后文简称“常外”）将“人文精神”确定为学校文化的内核，[②]从“以人为本”的理念出发，关怀人的尊严、价值和命运的维护，珍视人类遗留下来的各种精神文化财富，塑造全面发展的理想人格。生命的载体——“人”的因素一旦被尊重和激活，生命活力便会如泉水般喷涌而出。[③] 学校应该以人的自然天性和学生独有的特质为基点，树立起“专注于有生命力的教育，让每个生命尽情绽放”的美好愿望。

2. 培养目标和成长准则

学校教育，要切实地回答两个基本教育问题，培养怎样的人和怎样培养人。

常外的教育着眼于未来，关注孩子未来的发展，为孩子成为未来社会的创造者奠定坚实的基础。期望常外的学子有着积极、乐观的人生态度，充满着阳光与活力，具备独立的思考能力和切实的行动能力；期望常外的学子敢于担当，对自己负责，对他人关爱，对团队忠诚，对国家感恩。每个常外学子要努力成为“未来世界活跃而负责任的公民”。无论是“担当・挺拔”的男生，还是“独立・优雅”的女生，在成长的过程中“做最好的自己，能有益于他人”是一个基本准则，而这也日益成为学校的核心口号，是常外学生的“成长训诫”。

3. 学校未来发展方向及其度量标准

学校需要整合好各项资源，以促进每个个体的发展为出发点和旨归。学校一切教育教学活动的策划、组织和实施都要努力秉承“以人为本，立足当下，着眼未来”，将“精

---

① 钱穆. 文化学大义[M]. 台北：联经出版公司，1998.

② 2009～2013年，作者在常州外国语学校工作。

③ 李慎民. 以人为本的科学内涵和精神实质[J]. 中国社会科学，2007(6).

心于教育筹划，精致于教育行动，精彩于生命成长”作为度量一切工作的一贯标准。①

以常外为例，作为一所民办学校，学校在探索、创生新的教育形态的时候，必须平衡好当前学习与学生长远发展之间的关系，把握好常规教育与特色教育之间的平衡，保证学业成绩提高与综合素质养成之间的一致性。

“弘扬人文精神，彰显教育品质，为学生的未来发展奠基”，这是常外未来发展的策略、方向和特色定位。这样的学校教育形态从“人文立校，文化育人”出发，指向为所有学生的健康和谐、全面而富有个性的发展“提供适合的、值得选择的教育”。

4. 彰显文化主张的主要领域

未来 10 年或者 20 年，常外发展，要努力从学校、学生和教师的实际情况出发，聚焦学生的当下需要和未来成长要求，锐意培养活跃而负责的公民。在以下诸多方面做出艰苦的探索，累积办学经验、管理学校知识。

进一步强化以人为本的智慧管理。刚性的制度、严格的执行、及时的反思，使得管理能够以最谦逊的姿态贯彻专业意志，能够最大程度上唤醒人的主体意识，强化规则意识，激发工作、学习的积极性和创造性；保障和促进学校各项事业的发展有明确的方向，运行在正确的轨道上，具有高效能。

努力架构和实施以满足学生发展需要为核心的课程体系。这种课程的设计，要以增进和尊重每个学生的选择为基本出发点，同时，学校和教师要为学生的课程选择提供指导，给予鼓励。选择性课程体系构建的出发点是尊重差异，推动学生的主动发展，帮助学生学会理性选择。

以信息化、现代化为基本策略推动以质量提升为要务的教学改革。教学是学校活动中最日常、最普遍的样式。教学时空，是教师和学生生命活动的重要组成部分。教学思想的现代化、教学手段的现代化、教学样式的丰富和多元、教学资源的信息化呈现、学习工具（认知工具）②的推送，将国家课程标准转化为能有效连通国家标准与“教室实践”两者之间的桥梁的“学习任务单”。通过微课程的建设提高学习重点的强化和难点的有效突破，通过课堂实录分析来优化教师课堂管理和教学行为。

培养并形成以卓越和创意为追求的高质量教师队伍。以教师团队发展为基本策略，以彰显本校教师文化特质为基调，以引进外智、合作分享为每个处于不同发展阶段的教师提供专业支持。这里强调两点，一是强调教师发展的主体是教师自身；二是强调学校对教师的发展要予以支持。主体性的确立，是对教师独立人格的尊重，也是强调责任主体，更导向主动行动。而学校层面予以支持，则应避免“越俎代庖”，担当其本应有的责任。

推动家校之间和谐、深度合作。家长和学校在促进每个孩子健康全面发展方面具

---

① 这一工作标准，指向设计、实施和评估三个环节，是对“精细化管理”的诠释。

② 源自维果茨基的认知心理学，其关于思维的理解和“最近发展区”概念的提出，都极有见地，具有开创性，并在很大程度上影响着教学行为。

有一致的立场，然而每个孩子的丰富性、具体性以及发展变化过程的复杂性，就需要家长、教师和学校之间建立起有效的沟通机制，以坦诚而富有建设性的方式获得教育共识，协同教育行动。

探索以国际理解教育与国际合作教育为双翼的学校发展道路。

三、聚焦学校，规划发展

1. 在“思考·行动·省察”的连续体内考量

思考，在于保持好奇，去揭示，使得人们生活于其中的世界更敞亮。

思考力是历史意识、国情意识、全局意识，也是系统思维、辩证思维、经济思维，更是综合权衡和利弊分析。在所有的思考方法中，具有统帅作用的则是哲学之思。

所谓历史意识，是客观地看待历史，以历史观照现实，在历史的长河中看待未来。一个具有历史意识的人，才能学会对历史负责，才能不偏激，才能减少偏见。

所谓国情意识，是立足中国国情、历史、现状，具有中华民族的立场，综合地看待中国的历史、当下和未来。

所谓全局意识，是将各项事物看成整体，即使身处部分、局部、一隅，也能将其与其他的组成部分联系起来，统合起来。

所谓系统思维，是指准确理解和把握系统作为整体而存在，以及系统各组成部分的功能之和小于系统的整体利益等诸多方面，一个具有系统思维的人才可能周全细致，才可能周到务实。

所谓辩证思维，是能够看到事物的主要方面和次要方面，看到主要矛盾和次要矛盾的区别。一个具有辩证思维的人常换位思考，外在表现为宽容、平和、笃定。

所谓经济思维，是“投入和产出”“资源和产品”“劳动和价值”“效率和效益”等的辨析，看到限制，也看到可能。一个具有经济思维的人，洞悉人性，对需求有敏锐的察觉。具备良好的经济思维，容易让人们更脚踏实地，积极求变①。

永不满足于当下已知，永远在已知的边界处加以突破，这就是求知。

这里，建议采用“业务领先模型”（BLM）②，让学校的产品和服务能真正地实现价值，以达到“业务领先”的目的。

行动，在于以己之力，去改变，使得教育举措更灵动。

行动力是对行动的目的、组成、展开的时序做出安排、形成方案。

工作当中的各项行动是有目的指向，更要有目标达成的，不是随性而为，不是意气用事，更不是胡作非为。行动的目标，要合乎目的，更是基于理性判断、科学决策、风险评估。恰当的行动目标是对形势、规定、规矩和宗旨的综合理解、整体把握和小处着手。

---

① ［奥］阿德勒. 理解人性［M］. 汪洪澜，译. 北京：中国城市出版社，2012.

② 英文全称是 Business Leadership Model，发端于国际商用机器公司，后为华为公司引进使用并发挥极大的作用。

行动的目的越明确，效果才有可能越好，组织才有依据，不至于走过场，犯形式主义的错误，也才不至于流于表面、不扎实。

行动的组成，通俗说，就是做什么。这不是一拍脑袋的想当然，而是要广泛听取意见，从群众中来，汲取各方智慧，众志成城到群众中去。这里需要实事求是的精神和务实本分的作风。那些想当然、不顾一切、抓住一点不及其余的做法，都是不好的，实际上也是危害极大的。

行动的时序，是在什么时间安排做什么。饭要一口一口吃，路要一步一步走，可以小步子快节奏，也可以大步流星，偶尔还需要快马加鞭，但这要对人们的情绪状态、接受状态、承担状态做出准确判断。只有这样才能把握好节奏——有些时候需要知快守慢，有些时候需要快刀斩乱麻，有些时候需要条分缕析。行动时序的安排讲究一个顺势而为、因势利导。

不安于现状，不惮于改变，尽管世界有幽暗，但依然有人不懈地朝着光明前进，这是求善。

这里，建议采用“PDCA”，将创意(P)、设计(D)、沟通(C)以及评估(A)联系起来，使得学校的品质可靠。

省察，在于切己体悟，去周全，使得学校生活更美好。

反思力可以回答这样一系列的问题——做了什么，怎么做的，做得怎样；做得好不好，好在哪里，原因是什么，关键在哪里；做得对不对，不对的原因是什么，对于不正确的做法可以怎样改正……反思力既是汲取教训，也是总结经验。从一定意义上说，反思力是从工作经历出发，从系统思考工作策略出发，是提高工作智慧的根本所在。

反思力的提高，需要人们常常回头看看。这个回头看看就要求多记录工作进程，多观察工作状态，多听取反馈意见。

工作上的反思力——工作，不仅仅是一个人的案头事务，常常涉及多个人，涉及多个部门，所以不完全等同于个人反思，还需要一些集体性的商谈，比如讨论会、座谈会、谈心会。比如，党内民主生活会就是一种非常好的集体反思方式。

不仅仅去想、去做，更要去回顾，要用“每日三省吾身”来“立己”，这是求美。

这里，建议使用“GTD”[①]的相关技术模型，在收集、整理、组织、回顾和执行上进行检查，看自己是否做到“竭尽所能”。

综上所述，思考力是想清楚明白，想周全细致。行动力是立即去做，做得坚决，做得彻底，做得不折不扣。反思力是怎样做得更好，哪里可以改进完善，是检查“目标、行动、效果”的内在一致性。

思考力决定了行动力和反思力，行动力落实了思考力，反思力有助于提升行动力。

---

① GTD是get things done的首字母缩写，这表示把事情做完整、做好。与其有关的技术模型多样，然而基本思想是一致的。

只有将这三者综合起来、联系起来才能有助于完成事业、做好工作——想得透彻，做得完整，及时总结。结合工作实际，善于思考，勇于行动，勤于反思，工作才会蒸蒸日上，事业才能更加辉煌。

在规划学校发展的过程中，心存梦想，坚持"Grit"①——长远目标、专注热情、无畏坎坷，三者缺一不可。

2. 运用SWOT分析：以常州五中为例

在研制学校发展规划过程中，有两个关键——

一是定位。这是回答为谁办学、主要价值追求是什么的问题。可以使用两种工具：

语言钉，用文字的方式说出——怎样的特点，做出什么。说得清，道得明，表达准，能感染，可鼓舞。

形象锤，采用可视化的表达方式，追求独特醒目。修气质，塑外貌，正三观。

二是平衡。平衡也意味着实事求是。在"未来与现在、现代与传统、世界与本土"的两极上，执其两端，取乎中庸。在理想、现实的交叉地带，务实地行动。既要想得美、看得清，还要做得出。既有理想和追求，也有清醒和现实，还能够成熟、灵活。

建基于1906年的汇秀书院和1942年的私立西郊中学，一路走来，常州市第五中学积极寻求发展的突破点与生长点，主动与学生的成长需求合拍，与社会发展的要求相适应。特别是实施前几轮主动发展规划以来，学校得到长足的进步，成为江苏省四星高中、全国艺术教育特色学校。2016年，学校异地新建。

表1-1　常州五中SWOT分析

分析项目（内、外部因素）	S(优势)	W(劣势)	O(机会)	T(威胁)
地理环境	新校址交通便利；相邻小学和初中优质、美誉度高。	离主城区较远。	办学基本条件改善；可以实施更为灵活多样的教学组织形式。	对优质生源吸引力的减弱；互联网＋时代，新的教育类平台将在教学上对现有学校架构产生冲击。
家长状况	对学校的信任度高，愿意将孩子托付给学校。	陪伴学生成长的有效时间不够，资源的投入偏少，理念相对落后，方法的针对性较弱。	家校合作空间大——家长学堂。	关系疏离。

① Grit，在我国通常称其为坚韧，源自 *True Grit*（《大地惊雷》），并成为目前风靡美国的教育潮流。

续表

分析项目（内、外部因素）	S(优势)	W(劣势)	O(机会)	T(威胁)
社区资源	异地新建，学校以社区共享公共资源的形态出现。	尚未形成优质社区。	从理念上形成共建共享意识；从具体措施上形成互联互动关系状态。	常住人口数量较少，整体受教育水平较低。
领导期望与支持	肯定现有办学策略；期望更优状态。	学校性质的定位不够清晰与明确，在“一以贯之”上缺乏坚持；对常州教育格局的判断和调整思路的变化不敏锐。	寻求外部智力的系统支持；创新办学形态；建立沟通与协调机制；基于现代学校的政校关系重构。	
学校规模	每个年级400～500人，适中。		招生计划数和质的通盘配置。	迅速扩张。
教师资源	质朴、有经验；对学校有感情，归属感强。	名特优教师偏少；理性程度偏低；年轻教师数量少；职业化、专业化程度偏低。	消化原有历史遗留问题；增加编制以补充优秀教师；形成支持与合作的教师文化；重建教育教学常规；强化学科理解；教师资格定期注册；事业单位人事管理条例；建立教师发展学校——教育教学知识管理。	职业倦怠；过度竞争；奖优罚劣机制缺失；自我发展意识淡薄；退出机制缺失。
学生素质	入学时学业水平中等；对特色办学认可度高，对有志于艺术类发展的学生具有吸引力。	自信缺乏，动力不足，学习习惯有待优化，接受能力偏弱；学习主动性欠缺；上位学校特长生招生规模扩大。	以新的教育形态构建汇聚优质生源；构建支持习惯优化、学习品质提高的指导系统。推动主动学习、创造性学习，学无止境，形成予以支持的体制和机制。	缺乏对不同类型学生均能获得最大可能程度的发展的察觉和因应性措施。

续表

分析项目（内、外部因素）	S(优势)	W(劣势)	O(机会)	T(威胁)
教学绩效	学业成就与高考升学的社会认可度高。	普通文化类学生进入名校比例偏低。	学制改革、长程设计课程；重构学校课程；创新教学组织形式；针对性教学、多样化学习；学习解决方案；发现学科意义。	学校教育知识管理的体制和机制尚未完整建立。
行政团队	朴实，熟悉学校情况，人际和谐；团队内部的思想一致、行动协调——心往一处想，劲往一处使。	学术引领、课程领导力偏弱。	凝聚共识；合理制度设计与严格执行；现代学校制度；重构与优化学校内部治理体系——组织和制度；校园文化建设。	对提高学习能力和创新能力的渴望表达不明确。

3. 将规划说得更清楚

给出规划文稿，是调查研究和综合研判的结合，是凝聚共识的过程，是持续协商的结果。它不可以外在于学校，不可以演变为简单的行政命令，而是每一个人知道团队的方向和倡导，明了自己可以做出独特贡献的内容、标准和流程。

要将规划表达得更清楚，可以采用“图示”方式。2013 年，我在做常州五中的发展规划时，曾经用五个册子来说明学校已有的发展历史和未来发展策略。

开始阶段，要用最直白浅显和简练的文字，以达概貌性了解；后续阶段，则是要在不断的讨论、行动和反思中，给出越来越详尽的文本，以便深入、细化和调整。正所谓“行文简浅显，做事诚平恒”。

在研制规划文本、论证规划方案时，我们曾使用了系列图示，以便更直观地阐释。具体包括：

第一，规划文本的框架图：一般思路、文本结构、自我评价标准；

第二，研制规划的路线图：分析思路、分析过程、初步结论；

第三，发展目标的构成图：目标结构（内在联系）、可检测（外显）指标，即具体的、分解的目标；

第四，课程统整的路线图：为编制学校课程方案做准备；

第五，学校组织的结构图：机构设置、相互关联、主要职责；

第六，学校生活的系统图：为什么、是什么、怎么做的一般性思考。

下面以规划研制过程以及学校发展的目标体系为例加以说明（如图 1－1，图 1－2）。

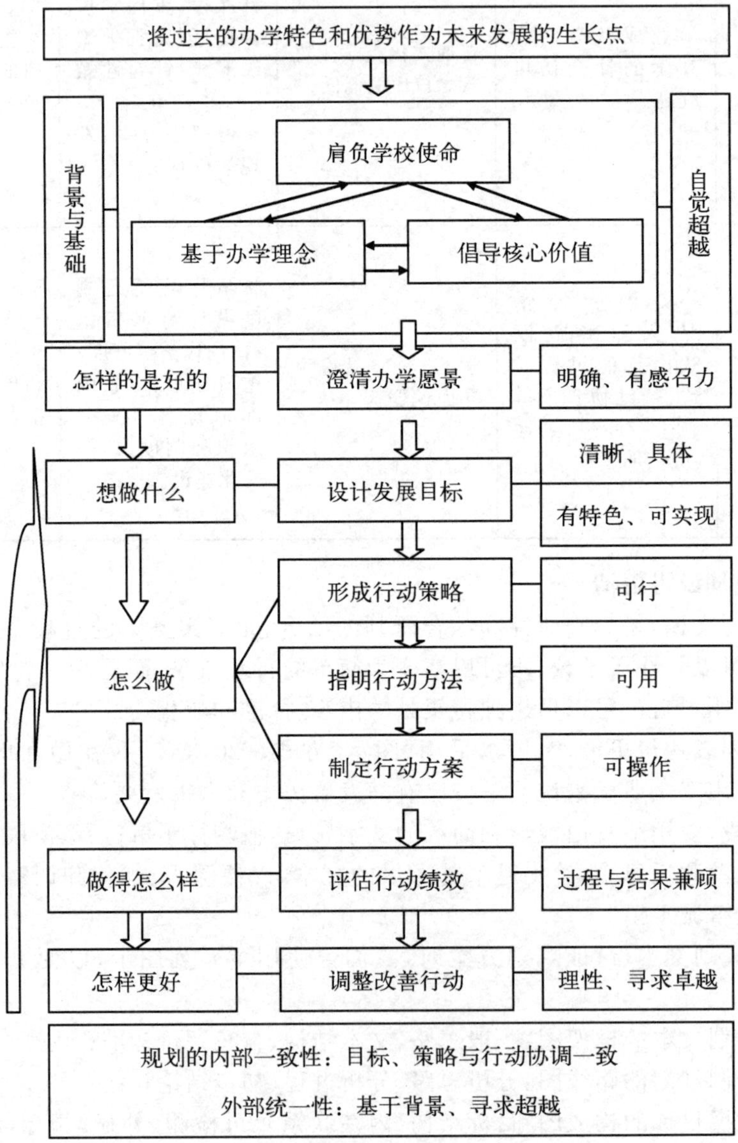

图 1－1　学校主动发展规划框架

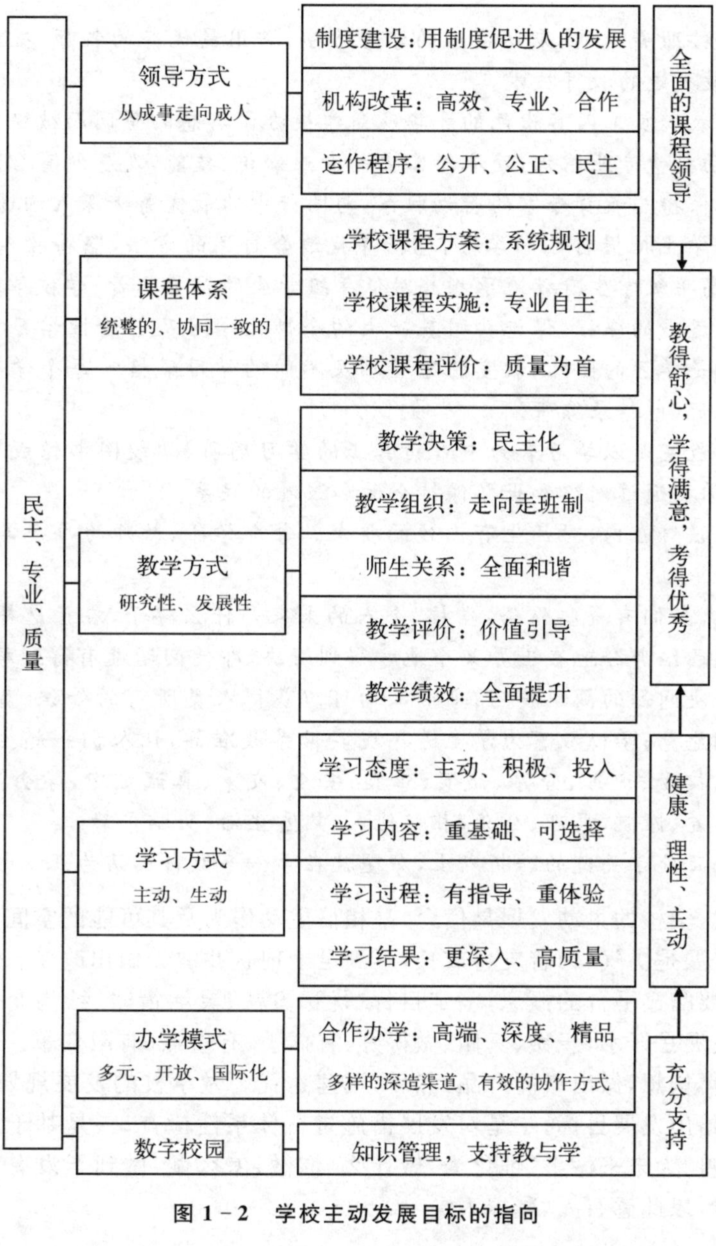

图 1-2　学校主动发展目标的指向

4. 突出学校愿景

2016 年，常州市第五中学在新一轮主动发展规划中，明确了学校的愿景：

一切按照新规划，采纳最佳的学习方法，聘用最优秀的教师，提供最合适的课程，采用最先进的教育技术。

所有教职员工因其出色的才华及对学校办学思想的赞同而被聘用。教师是学习者，主动接受专业培训，获取所需要的专业知识、技能，发展教育智慧。学校鼓励教师集体保持与教育专家的密切联系，与同行中的最优秀者深入沟通。

鼓励学生把握自己的学习，包括寻找适合自己的方法，坚持投入学习，监控学习效能；高年级学生有效地承担起对低年级学生的辅导职责；学校尽一切努力为学生提供最适当的课程，保证共同基础上的个性化学习及创造性学习蔚然成风。所有的班级是学习的团队，教室的布置顾及不同的学习风格。每个学生均有自己的成就记录册（包括录像带）。

每间教室是以学习者为中心的真正的学习场所，学校图书馆成为人们最爱去的地方，学校通过网络和世界保持全面和深入的联系。

包括服饰在内，对师生有一致的要求。每个学年，教师为每个学生写 1000 字左右的评语。

为此，我们有一些信条：学校、个人的未来是什么样子，在于选择和创造；几乎所有问题已经部分地在世界某个地方得到解决，即使问题没有得到解决，我们也已经拥有解决问题的简单技巧；每个人均可以获得人类所有的知识、智慧和美德，前提是我们愿意；学校教育为学生进入现实世界做准备，让人们一起生活在鼓励、忍耐、表扬、接受、认可、分享、诚实、正直、安全、友爱、真诚之中，学会自信、耐心、感激、爱、自爱、慷慨、真理、公正、相信他人、热爱生活、头脑平静。

我们正处于关键的转折点上，希望就在于——做自己认为正确的事！

综上所述，学校的主动发展是信念，是相信主动作为及其可能的空间、方向和路径。学校的主动发展是勇气，为着支持成长，不满足于现状并敢于做出改变。学校的主动发展是智慧，需要凸显平台的概念，坚定目标、优选方法、灵活策略、结构变革、系统升级。学校的主动发展是汗水，想做、真做、做得好；有抓手、有重点、有限变革。学校的主动发展是产品，整体构想，做出最简产品，然后，迅速迭代。做学校的发展规划，一是 SWOT 分析，谨慎地给出发展目标；二是对发展措施进行体系性检查；三是基于迭代思想的阶段评估；四是将“为未来做事”细化为“做什么、谁做、怎么做、做到了没有”；五是突出学校的发展愿景，以此感召人、凝聚人。

第三节　统合学校育人方案

学校的育人方案，就是实现其培养目标的整体安排。在统合形成学校育人方案的时候，一般可以遵循这样的思路：第一，培养怎样的人——他具有什么特点，能做什么；第二，课程设置、活动设计——怎样的课程体系可以使培养目标得以落实；第三，推动学生主动发展的支持系统；第四，引导学生确立并发展自己的指导方法。

一、畅想教育实验

学校育人方案需要基于教育想象，这也意味着对现代成功企业运行经验的借鉴，及对不同教育模型的辨别与综合。

诚品书店的创办者，阅读广泛且持续，旅行多个国家，出版多部书籍，旅行、阅读、写作……这些都自然地成为他生活的一部分。无印良品，不求形成品牌，倒是成了品牌——一种生活方式的倡导和实现——低碳，原生态，自然质朴。

这就是生活——世界观、价值观以及生活态度、生存技能和生命智慧，都融合在特定的形态之中并充分地展现了出来。学习，是生活的一部分，教育是为了学习的发生而构建的。

华德福学校，以创造良好社区的形态，来构建教育文化生态圈。将教育看成人成长的完整部分，而不是割裂的。将校园生活看成生活的一部分，而不是"孤悬"的。特别的教育为了特定的人而构建。尊重人的学习天性，从"为自己的孩子创办学校"出发，回到教育成就人、成全人的角度，对"人是如何主动学习的"进行实践性的、系统性的回答。

学制、课程、课堂、学法，应当且必须去对照着培养目标达成的时候，它们才有了价值，培养目标才不至于成为空话。

二、清晰教育价值

教育，一是成就更好的个体，二是使之能适应和创造更美好的未来社会。培养怎样的人，可以从"人的可能与实现""个人与社会之间的互动联结"等角度加以考察。从人的可能性（潜力）与实现方面来看，憧憬着"顺从生命的天性，发挥生命的潜力，张扬生命的活力；学习得以保障，创造得以永生"，即人的本质得以自由自在地实现。个人是社会的组成成分，社会是个人的集合体，同时也是每个个体的联合。

个人的独立性与自由，和社会协同性之间存在着相互的调适，人在不同的领域遵守着相应的"律令"，它们之间相互联系。这正如鲁道夫·史代纳所倡导的：在文化的生活领域中享有精神的自由；在法律的生活领域中享有民主的平等；在经济的生活领域中享有社会的互助。组成社会的个体之间，一是秉持平等的取向，二乃鼓励"关心与爱"，三则应达到个人精神上自由的追求。

三、明确学校任务

以普通高中为例，一方面，要切实地为学生的校内杰出表现提供平台，这包括拓展眼界，完善知识结构，增进理解力，提高专注力与自制力，确认兴趣和特长，学会人际沟通和交往，学会审美；另一方面，更要为他们适应和创造未来，提供可能、夯实基础，而这种基础主要是人格审美与学力提升。① 这就是学校在因应社会发展变化、人的成长多元需求方面应该履行的职责——呼应学生成长的真实多元需求，产生契合学科本质的学习类型（方式），提供选择性学习的完整支持系统，构建更充实、愉快和进步的当下生活。这可以看作学校对人的价值的呵护，也可以看作一种严肃承诺，而且若这样的回答和明示是基于校情的，是符合道义的，则，就是有特色的，更是有价值的。这种因应，这种回答，关键是要能形成完备的育人方案，并想方设法创造性地执行。

形成学校育人方案，必要的准备工作有：分析生源情况，厘清办学定位，阐释培养目标，确认课程体系功能，整体筹划校园活动，在原点上读出学科（学习科目的含义而非科学的分类）的价值。进而，在对学校课程进行顶层设计时，努力厘清基本思路和谋定重要举措。另外，学科课程建设循着怎样的思路、以什么方式去演进也要进行确立。教育是人对人的影响，也是人和人的关系构建，更是人与人的相互作用，秉持“共同体”的理念，则恰当的价值追求、清晰的共同愿景、明确的行为准则以及扎实的协同行动，就成为应有之义。

以上这些，可以看作学校对自身所从事教育工作的概念重建。

众所周知，概念重建非常重要，这意味着对所面临的一系列现实问题的哲学审视、社会观照与个人自由等方面进行综合考量。然而，仅仅有概念构建还不够，还有待从此出发，体现在一系列的举措、方法、探索、资源保障等方面，即寻找实践的可能样式，实现概念模型的现实样式。概念之形成，是思辨的、哲学的、洞察的；形态（实践样式）之构建，是综合的、流动的，是理想与现实的相互调适。概念模型和实践样式这两者之间有一个中介——学校的领导力，它表现为怎样组合一批人，使其成为团队，彼此包容、积极向上、相互支持、协同行动、评估绩效、灵活调整，并持续完善与改进。这些人具有怎样的行为特征，循着怎样的人际交往原则互动，秉持怎样的理想和信念，这是一种文化。

学校的学科课程建设包括：基本思路、中心线索、系列主题、内容设计、课堂教学改革的思路和举措、课程教育资源的开发、教师队伍建设。在具体着手进行学校的课程设计和活动筹划的时候，先要基于生源状况，想清楚要培养怎样的人，然后才是怎样培养人的问题。

---

① 刘霞，朱志刚，沈斌. 基于数字布鲁姆的参与式评价——以初中地理学力评价为例[J]. 中国电化教育，2011(12).

四、分析培养目标

学校课程的建设，要紧密围绕培养怎样的人、怎样培养人来进行。

人的实现，包括这样几个方面的发展：优势潜能、实践能力、职业兴趣、学科素养、人文情怀、思维品质、天资禀赋、质疑能力、责任担当。例如，常州五中期望培养“社会进步的积极参与者”，也可以从“具有怎样的特征、能做什么”方面来进行描述。社会进步的积极参与者，若是主要从人的外显行为的一般特征角度看，可用图 1－3 形象地说明。这是一种人格画像的做法，可以采用最简单的语言勾勒出所培养的人的形象。图的下半部分给出了相关的培养和引导策略。这种方法也可以用作个人自我介绍。

约之以礼：诚敬守正；导之以仪：端庄典雅。
好奇：促进想象打开，助人以“可能”“憧憬”构建未来；
勇敢：保持经验开放，让人与“自我”“世界”和谐相处。

图 1－3　培养怎样的人之概要

培养怎样的人，从学校教育的不同性质的角度来思考，还需要对“基础性”“职业性”加以区分。从基础性、准备性、完整性的中小学学校教育角度来看，核心素养是一个重要的课题，也是进入操作环节的重要准备。

五、聚焦核心素养[①]

在具体说明核心素养之前，对修养、教养、素养略加辨析。

所谓修养，即基于习惯、个人信念与勇气、社会倡导（核心价值观），经由个人修炼，及至在处世、成事，以及个人德行上的一贯行为表现和稳定特征。所谓教养，即礼貌、规

① 这部分内容源自作者主持的教育部特色专项课题“课堂转型视域下培养艺术素养的实践研究”以及江苏省教育科学规划重点课题“基于核心素养的学校课程建设的实践研究”。这两项课题均已结题。

矩、态度、生活方式、习惯、风度等，指向友善与真诚、悲悯与同情、荣誉与尊严、面对困难不轻言放弃，即使遭遇挫折，仍淡泊从容，微笑面对生活。经济合作与发展组织(OECD)对素养的界定是：个体在特定的情境中，满足其要求、迎接其挑战，借由自我的特质，能思考、选择与行动，顺利完成生活任务，达成优质(美好)生活的结果(如图1-4所示)。三者都强调人的特征的综合性。修养更多侧重人的个性特征，更多强调个人对社会的回应和对自我欲望的处理；教养更多强调人的社会属性，重在个人对社会生活的适应和承担社会责任；而素养则在个人与社会两者之间寻求平衡与协调。

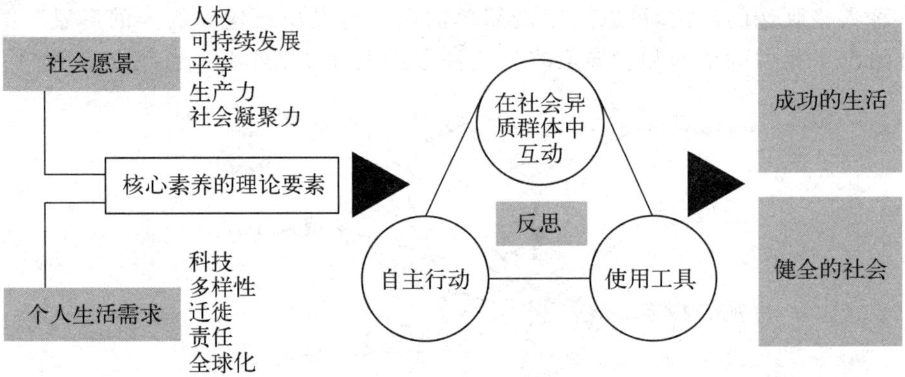

图1-4　经济合作与发展组织提出的核心素养框架

素养，是可培养的，也应该是可测量的。素养应该具有怎样的结构？可以循着以下的思路进行建构：

第一，人生的主题和社会的趋势(比如，信息社会和渔猎时代肯定是有差异的)。“问题解决、表达恰当、人与人相处自在”既是人生的主题，也是各行工作或多或少体现出的共同部分(不同的职业，在这三个方面的要求上，存在着侧重点的不同)，若是如此，则可以由此构建核心素养的结构，进而在这个结构的基础上，对好的品质加以概括、提炼与界定(必备品格、关键能力、基础文化)。

第二，生态取向方面，适应(环境的)和创造(自主的)的互动取向(有一些是要适应的，有一些则是要改变的，并期待变得更符合所愿的创造)。

第三，基础文化方面，应用与表达两者之间的调适。表达更指向内心诉求的外显——我愿，应用则是外部诉求的内心回应与行为呈现——我能。

第四，循着生态和基础文化两个方向，构建出平面的四个象限：环境适应性的应用是职业的；自主创造性的应用是批判的；自主创造性的表达是独白的，也是生活的；环境适应性的表达则是沟通的。

第五，加上三大人生主题与社会趋势——面对复杂的社会和生活情境，如何围绕三大人生主题，形成个人的决策，这就形成了三维立体空间。三维中的每个“空间”可以有六个侧面：“怎样看”“如何想”“知不知”“能不能”“愿不愿”(好不好)和

“坚持与否”。

第六，如图 1-5 所示，在以上六面体的内部，还有五类组成部分：观念——情意与判断的综合体；思想——逻辑化的事实；视角——从哪个方面看，从整体还是局部看，从特定层次看，俯视还是仰视；能力——步骤、程序、操作；知识——事实性的、概念性的、规律性的。这五个，是每个空间的共同组成成分。它们之间有着相互交融、相互连通的关系。任何一个组成成分的变化，会引发其他要素的变化，甚至整个综合体的演变。

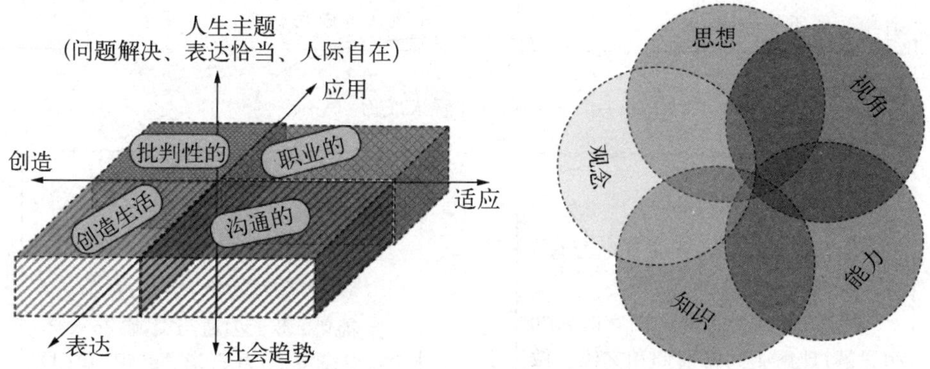

图 1-5　对核心素养的校本理解

第七，从学校课程的设计要求来看，各领域共同追求人类文化经验，给予人生智慧启迪。不同领域在总的人类智慧成果中汲取营养，同时提供有所侧重的不同的影响力，比如政治素养、艺术素养、体育素养等等，都是从领域的角度所提的。比如，艺术素养，又可以从对美的感受、鉴赏和创造等活动中进一步加以考察。

第八，在基本素养构成与评价模型的基础上，不同学习领域与学习科目的核心素养成为具有领域特色、学科特点的素养构成——既反映素养结构整体构成要求，又具有独特的教育价值。

六、确认关键任务

所谓核心素养，是素养结构中最关键、最基础的部分。经济合作与发展组织(OECD)从素养概念入手，给出他们所期盼的年轻人特征(四大核心素养)[①]：

① 本书第三章，在如何养成求学者，及求学者的能力要求上，即受到此框架的启发。

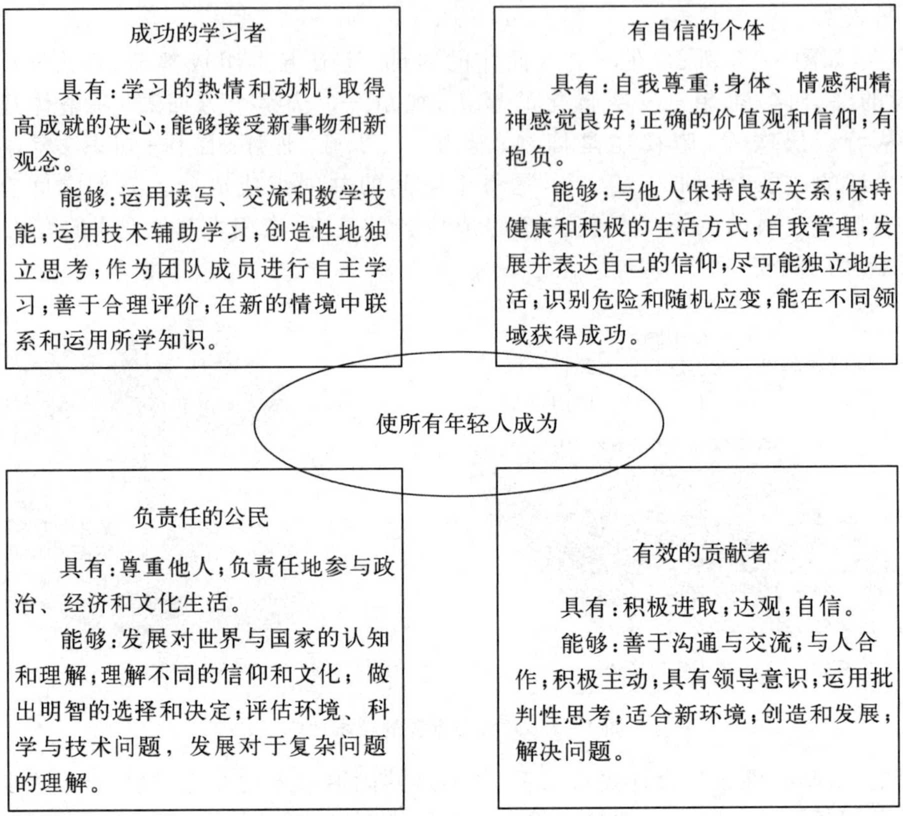

图 1－6　核心素养

在构建学校课程时，应该围绕核心素养来进行，且核心素养与课程之间的关联如图 1－7 所示。

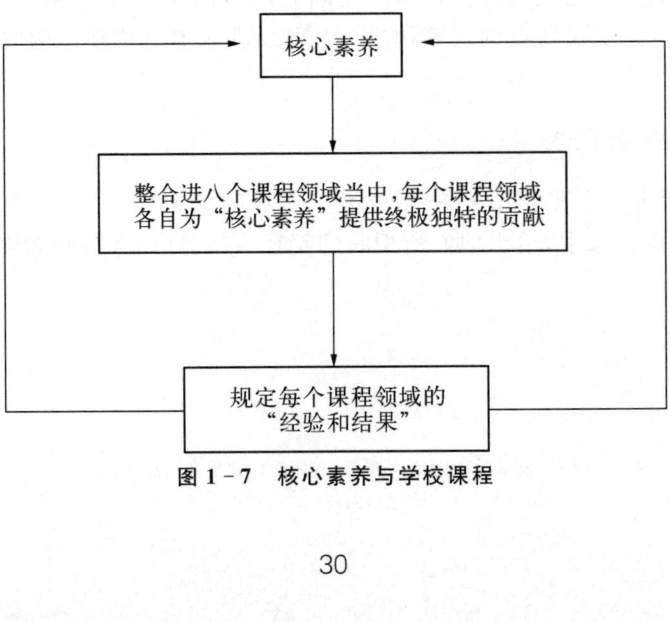

图 1－7　核心素养与学校课程

要养成以上这些素养，应该给予学生怎样的机会，策划怎样的活动，提供怎样的支持（指导和点拨），如何让“评价促进学习”成为教师的日常工作？简言之，学什么，怎么学，学到什么程度；教什么，怎么教，教在学的活动中如何适时、适当、适度；学得怎样，学到什么（内容和程度），如何证明已经学到。

基于对核心素养的理解、对“培养怎样的人”的校本界定，结合当前普通高中课程领域与学习科目，从“12年一贯”出发，紧密围绕“人是如何主动学习的”这一核心命题，如前所述，我们构建了“远瞩课程”并尝试对关键任务进行了梳理。

在具体实施过程中，以下三个方面至为重要：

“教—学—评”一致起来，统合起来，成为一体化的整体和不断变化的连续体！

需要展示特定的情境，归纳有类型特征的内容要素，呈现“如何做”的操作性步骤、程序（注意事项），这可以看成是“课堂案例”或者“活动组织”。这也是教育实践智慧、教学知识①分享的载体和平台。

学科课程，从认知角度看，均包括基本概念和术语、基本原理、基本思想、基本思维方式、关键能力、原初问题等；从养成角度看则是如何构建课程目标，通过怎样的路径（时间表、路线图），可以提炼出哪些策略，形成怎样的策略体系，凝聚成的教育主张和思想是什么。如何对学生的学习状况进行评价和诊断？如何形成有针对性的学习促进方案？前者的捋清很重要，然而“教什么固然重要，怎么教却在一定程度上更为重要”——课程实施所要秉持的价值取向、完备的策略体系、基于实证的课程改进。

“基于学力提升、人格完善的课例开发”②可以看成是学校课程动态完善的过程。“学习活动的有效性”“让学的活动和结果看得见”等主题研究则是因应着课堂改进的重要问题。

综上所述，学校课程的建设指向核心素养的养成，是一个综合体系，需要全员共建（如图1-8所示）。

---

① [英]迈克尔·波兰尼.个人知识——迈向后批判哲学[M].许泽民，译.贵阳：贵州人民出版社，2000.

② 后续第一章第五节和第二章第五节对此有详细阐述。

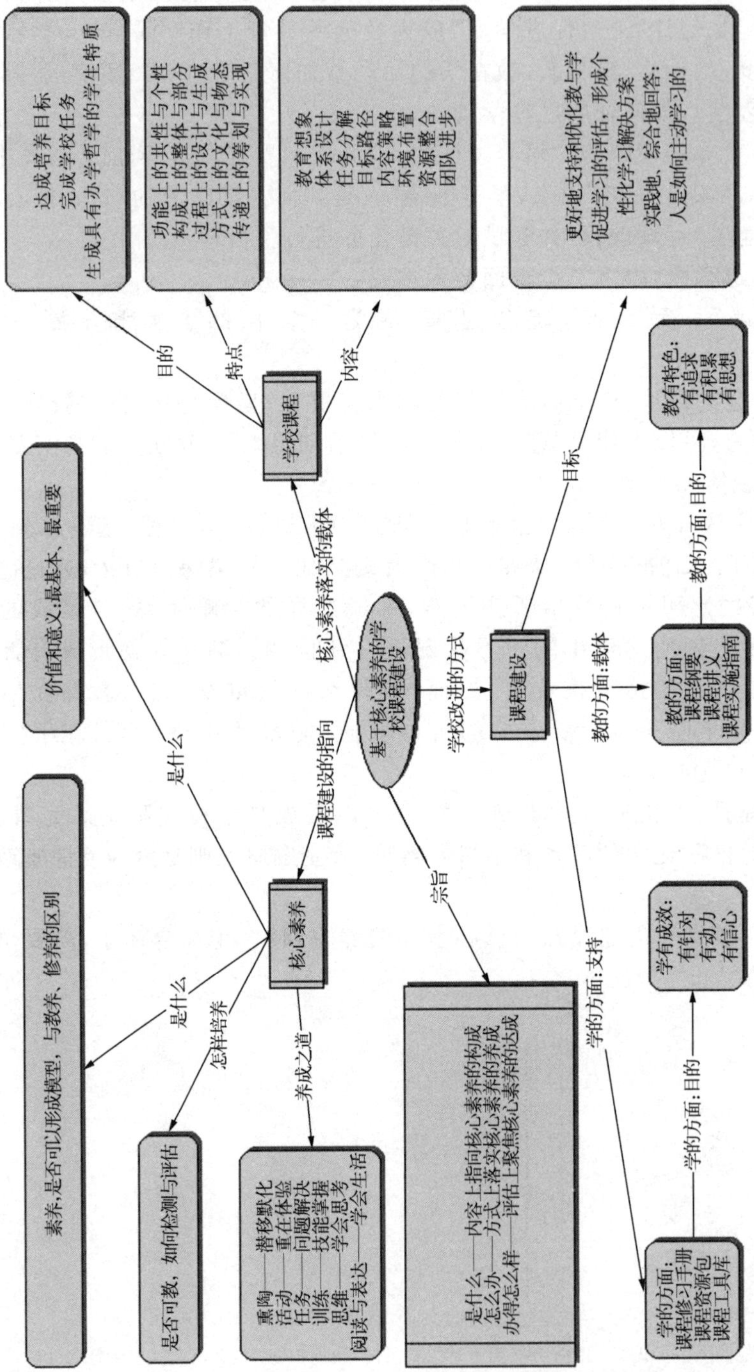

图1-8 基于核心素养的学校课程建设路线

第四节　设计学校课程体系

一、背景思考[①]

第一，重视“学段”本身。首先，我们需要将学段看成是人为的划分。不同学段有其特别的成长任务。什么样的小学才是好的？初中到底意味着什么？普通高中应向何处去？无论怎样，小学、初中、高中的共同特点是“基础性”，即全面性和准备性。因为成长阶段差异，成长的需求也会有区别，所以各自的性质和定位应该是既有联系又有区别的。无论在哪个学龄段，办学者都要考虑，学生经历过怎样的学习旅程，才能更好地创造美好的未来？如何使学生生命意识觉醒、生命质量提高，都是学校应思考的问题。

第二，持续关注“人本价值”。以人的成长的整体性观照学段。人成长过程中总有一些“萌芽”需要用心去呵护，总有一些需要长期坚持的方向、方式和方法，唯此，才能培育出值得珍惜的品质和品格。办学者期待能够对学校课程体系加以长程设计。以此为切入点，一方面，根据对当前学生成长阶段特征的综合理解和把握，对 12 年加以划分，比如小学 5 年，初中 4 年，高中 2 年，大学预科 1 年；另一方面，则需要考虑清楚各学龄段应该有怎样的教育目的、课程目标、课程内容、评价方式。

第三，努力使中国气派的教育实践成为可能。探索建立中国教育实践学，应当从宏观处着眼，从细微处入手，在当下深入，为未来筹划，“强化顶层设计，边实验边总结，研究与实践一体”，这是基本的策略。通过 10 年努力，初步形成“严格标准，灵活学制”的培养模式，“12 年的成长为一生的幸福奠基”，开发并实施“完整的学校课程”。它着力体现“12 年一贯”的价值，尊重每个人发展方式的连续性和丰富性，结果的多样性和可能性，路径的可选性和可行性，即“为了每一个的卓越”。

其中，“12 年一贯”，可以有两层含义：一以贯之——追寻着生命的终极意义而确认每个学龄段的特定价值；着力贯通——人的主动学习、成就自我需要外部支持、活动参与、人际互动、审美养成、魅力人格、梦想生根，这需要机会、载体和通道，这需要学校与教师能在基础教育阶段对真正的基础加以辨别和夯实。

第四，在校园生活的视角下观照教育。对未来校园文化生活基本特征进行描摹。其一，有序和创意。学校教育当为每个人发现生命的意义而存在并做好准备。使个体保持觉醒，意识到自由的可贵并为自己的选择和行为承担责任。要基于成长可能性加以筹划。其二，实践的样式。曾经怎样，为何那样，可否坚持(察觉到的、未察觉到的)；同伴，自我。实践自身的必然性：蕴含合理性，也有复杂性下的偶然性。其三，引发人的

① 这里是基于从小学一年级到高中十二年级的“12 年一贯”的考量。源自作者参与筹建有关实验学校的思考。

主动。人之进化的未完成态，使得人具有自我完善的天然倾向以及群体归属性。人类个体在群体联手的创造性活动（最大创造是文化）中实现自我超越。每个成员在继承和创造文化的过程中形成人的双重生命，发展自我意识，承担生命责任，实现自我完善。因此自我超越的价值取向，是学生发展的出发点和归宿。

学校选择人类文化中最优秀的东西，强化它们的力量，使社会更加开明。净化校园，同时保持与社会的有机联系。

进而，我们可以梳理出以下几点作为设计学校课程的前提和基础：

每个人天资禀赋各异，在不同的环境下，按各自的节律成长，能充分发展和实现潜力的，就是某种意义上的成功。

确信“爱”是教育的根本力量，让人在温暖、愉快、支持的环境中，在扎实基础、潜能开发、行为改进上创造更多的机会，通过充分的言传身教与自我感悟，每个人都能成为社会进步的积极参与者。

我们坚信，真、善和美使人自由，科技使人有力量，人文使人有尊严；明人伦、晓事理、致良知，依然是人成长的根基；温良恭俭让，依然是美德。

我们主张，在教导孩子上要共同承担责任，并温和地坚持引导他们，形象端正，举止适宜，言谈文明，独处有格，孝顺父母，尊敬师长，关心同学，友善待人，敬业乐群，诚敬有信，崇俭务实，追求卓越。

二、实作准备

怎么设计学校课程体系？有两个重要问题需要解决：一是课程设计的思想、方法和技术的准备；二是保持理想课程的诉求与教学实现可能性之间的张力与平衡。

1. 设计学校课程系统的基本思想

（1）以人的主动发展和终身学习为本。提高学生的社会适应性并实现其潜能，是学校教育的重要使命。

（2）人的学习成果源自个人体验和逻辑思维。个人在社会关系中的主动建构成其所是。学习的深度和熟练度，构成对学习质量加以考量的两个重要维度。学力提升和人格养成，是学校学习的根本任务。

（3）教师的引导会在很大程度上影响学生的发展广度和深度。教师对学生教育影响力之所在，唯有德和才，其发挥作用的重要载体则是课程。学校课程是学校的知识财富，是动态的，具有未完成性和创造性。

（4）学科教学逻辑和心理发展逻辑的完美结合，可以使学习旅程更为顺畅和精深。跨学科的主题学习，一是指向哲学之思，二是指向社会适应。[①]

① 钟启泉. 课程的逻辑[M]. 上海：华东师范大学出版社，2008.

(5) 在一个特别设计的教育生态系统中，引导学生立足地方的多元文化理解，让其能够在保有中国魂魄的同时具备世界眼光。重视发展性游戏。

2. 学校课程体系的构成

学校课程体系的组成包括目标、内容和结构。

(1) 目标。其表述要有两个部分，一是学生能做什么，二是个人特质，即成为怎样的人。目标要作为一个分层级的系统，自上而下包括教育价值取向、教育宗旨、教育目的、领域目标、亚目的、教学目标。

(2) 内容。内容的构成和编排既可取直线式的，也可取螺旋式的。我们选择后者。同时也要注意顺序性和整合性。在内容筛选上，要特别注意显性地给了什么，隐性地给了什么以及不给什么。

(3) 结构。不仅要从形式上讲究均衡性和选择性，更要关注课程结构对教育价值的实质性体现。

目标、内容和结构要保持内在的一致性。

3. 学校课程体系要构建秩序

(1) 人的成长有两个重要方面，就是思维和操作，通俗说，就是怎么想和怎么做，这两者一内一外，需要综合融通。人的成长根本上是心灵和精神的成长。上述两个方面均要指向和观照这个根本。

(2) 要重点考虑如何在课程体系的设计上真正建构学习秩序。所谓真正的学习秩序，包括三个层次。第一层次是以批判性思维为核心的哲学学习。[①] 第二层次包括人的感性能力发展维度和理性能力发展维度的学习。其中感性能力发展维度包括语言、人文、社会、艺术审美等领域的学习；理性能力发展维度包括科学、数学等领域的学习。第三层次指联结人的感性与理性的社会应用能力的学习，包括设计、技术与生活等领域的学习。真正的学习秩序，最终导向灵性的学习。

以上两个方面，应当在学龄段层面上做到重点突出，并符合人的发展规律，即可接受性。

4. 学校课程体系是一个成系统的标准

细致地、成体系地给出标准[②]。这包括如下三个方面：

(1) 成就标准：基础学力和关键技能——能做什么。

(2) 内容标准：概念、原理和规律；基本方法；动作技能；情意发展——做到哪些。

(3) 机会标准：教学规范、关系规范、资源分配规范、学校现场的评价范例（发展性）、学科与活动、教学形态、课时比例、学科逻辑和心理逻辑——是否对每个个体都公平且充分。

---

① [美]理查德·保罗，琳达·埃尔德. 思辨与立场：生活中无处不在的批判性思维工具[M]. 李小平，译. 北京：中国人民大学出版社，2016.

② 这是受钟启泉先生的有关文章的启发。其中的“机会标准”尤其值得重视。

5. 构建学校课程体系的基本策略

(1) 一方面,需要综合把握当今世界各类课程体系构建的价值取向、设计手法,长善救失。另一方面,也需要尊重中国基础教育阶段课程体系设计的基本框架和内容。唯有整合!

(2) 围绕核心命题。人是如何主动学习的?这是"12 年一贯"的课程体系要着力回答的核心命题。具体可以包括:把握人性、提升人品;培养学力、凸显个性;尊重主体、养成主动;倡导民主、责任为重;共同发展、人格完善。以学习为中心!可以这么说,对核心命题的回答多种多样,然而学校教育实践中,校本课程体系目标的达成,可以只有一种回答。

三、课程框架

1. 培养目标系统

培养怎样的人?能做什么?

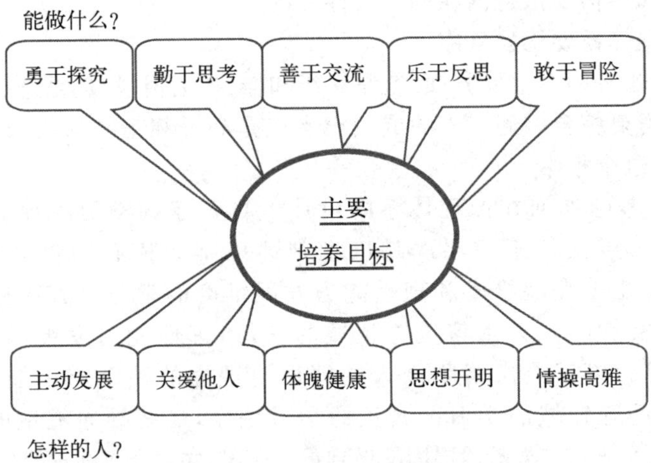

图 1-9　培养怎样的人?能做什么?

2. 关键任务领域

表 1-2　各学段关键任务领域

学段	"人是如何主动学习的"之关键任务领域		
	探究(方式)	学力(主干)	人格(目的)
小学:一年级～五年级	生活综合探究	良好习惯养成	多元系统体验
初中:六年级～九年级	学术主题探究	学力全面夯实	定向深刻体验
高中:十年级～十二年级 其中含 1 年大学预科	理解知识产生 提升审美情趣 坚定善的力量	学力综合提升	张扬活泼个性

表 1－3　各学段人格成长任务和培养策略

<table>
<tr><th rowspan="2">学段</th><th colspan="2">“人是如何主动学习的”之人格成长任务和培养策略[①]</th></tr>
<tr><th>阶段特点和任务</th><th>培养策略</th></tr>
<tr><td rowspan="2">小学：一年级～五年级</td><td>神圣化阶段：
形成基本规则规范（一年级～三年级）
规范养成性的评价和组织</td><td>（1）扬新奇心向，育兴趣自信
（2）扬参与意向，建集体氛围
（3）扬烂漫童心，育神圣德性</td></tr>
<tr><td>合理性阶段：
引导主动自我调节（四年级～五年级）
扶助主动性的评价和组织</td><td>（1）扬“牛犊”心劲，育自信根基
（2）扬聪明意向，育合理有效策略
（3）借交往变格，育人生内在价值
（4）彰显学长身份，拓展发展潜能</td></tr>
<tr><td>初中：六年级～九年级</td><td>人格健全阶段：
滋润立体多维人格（六年级～九年级）
引导独立性的评价和组织</td><td>（1）扬结伴求胜，育大气向上
（2）扬性别角色意向，育潇洒交往智慧
（3）扬求美时尚，育审美品位
（4）解困惑压力，拓人生境界</td></tr>
<tr><td>高中：十年级～十一年级</td><td rowspan="2">人格审美阶段：
凸显审美独立人格（十年级～十二年级）
践行民主性的评价和组织</td><td>（1）扬抱团发展，育精彩观念
（2）扬生涯规划，育自我实现
（3）扬理性思辨，育独立精神
（4）化人生困惑，提个性品格</td></tr>
<tr><td>高中：十二年级
大学预科</td><td>（1）扬目标策略，育自我管理
（2）扬特长确认，育主动发展
（3）扬心灵内省，育和谐内心
（4）扬人际沟通，育审美人格</td></tr>
</table>

① 李晓文．青少年发展研究与学校文化生态建设[M]．北京：教育科学出版社，2010．

3. 课程结构关系

各领域综合地追求“文化经验”[①]。

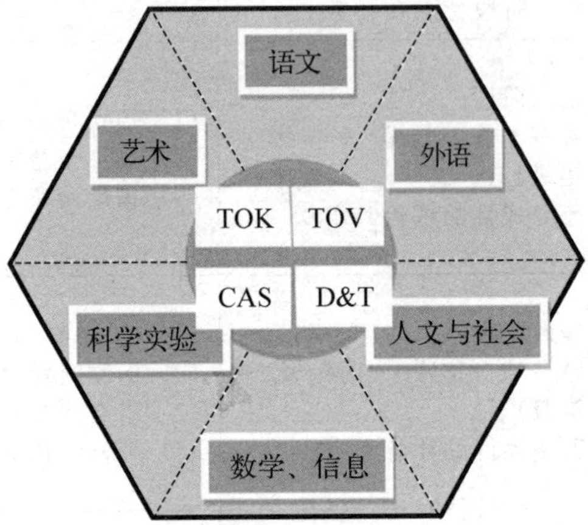

图1-10　如何设计学校课程结构示例

其中：

TOK：知识论。

TOV：美德论。

TOK与TOV可以构成“以批判性思维为核心的哲学学习”，以提升思维。

CAS：创造、行动（含体育）和服务（含家庭服务和社区服务），以设计（含生涯设计）为核心，以技术为实现保障。

D&T：专题演讲和命题论文——诞生精彩观念。表达是构成自身理解的方式，是对自我见解加以阐述的方式。在“阅读·理解·表达”中，阅读为“输入”，理解为“转换”，表达为“产出”。广泛阅读、深度阅读、衍生阅读，准确理解、全面理解、深刻理解，清晰（逻辑）表达、生动（修辞）表达、至善（启迪）表达。

CAS与D&T可以构成“以社会应用能力为核心的实作学习”，以精致操作。

以上两个核心领域，构成统合学习方式和内容的两大支柱。

六大学科组，涵盖我国目前课程体系中的主要学习领域。学科群组可再分为学习科目，每个学习科目可由数目不等的学习单元构成，学习单元是最小的、完整的学习过程。

① 该课程结构借鉴自IBDP（国际文凭组织IBO所设计的高中阶段学习项目，通常也称为大学预科项目）。根据我国现有普通高中课程体系做了一些改动。

4. 课程内容

可参考《课程(学习科目)纲要》。课程内容包括课程目标(学什么,学到什么程度)、相应的课时数(总学时,每周学时,用多少时间学,延续多长时间)、学生背景分析(谁在学,要对修习对象做出描述)、课程组织与实施的条件(怎么学)、学习的评价(学得怎么样)。

内容筛选要有基本的原则。

第一,与时俱进:反映社会进步,结合科技发展,关注学生经验。

第二,夯实基础:传承经典,呵护兴趣,坚持真理,崇尚美德。

第三,个性选择:层次性、丰富度;个别化、个性化。

5. 课程实施

可参考《课程(学习单元)实施手册》。其内容包括教学目标、活动设计、评估设计、资源选择。特别重视学习体验基础上的学习感悟,对"机会标准"尤其要给予详细、系统的回答。每个学习单元的实施手册,明确目标、围绕特定内容、整合学生经验,对教学行为和学习方式提出要求和建议。

6. 学业与课程评价

可参考《课程(学习单元)修习手册》。其内容包括学什么(内容)、学到什么程度(深度和熟练度——深度可以参照布鲁姆教育目标分类学之认知领域、情意领域和动作技能领域的划分;熟练度可参照"熟知到精通"的划分,以两个维度构建一个目标坐标系统)、怎么学(工具、策略、程序和方法)、如何证明自己学到(测试和表现)。

通过《课程(学习科目、学习单元)审议和改进制度》给出课程评价的方法、过程以及结果的使用。

第五节　明确教学基本主张

明确教学的基本主张,要集中回答三个问题:第一,如何理解教学;第二,学校提倡怎样的教和学,关键特征是什么,有哪些模型和组织策略;第三,哪些教学方式最重要。①

一、身体力行"基于标准的教学"

2011 年,常州外国语学校明确提出"基于标准的教学"并持续跟进、深入、反思,试图循证改进课堂。基于标准的教学,其中的"标准"是个体系,这个体系在结构上包括基本内涵、推进策略和过程设计等先决条件。内容上,它囊括以下部分:价值标准、学科逻

① [美]阿兰兹.学会教学[M].丛立新,等译.上海:华东师范大学出版社,2007.

辑、内容标准、机会标准、成就标准等；基于标准的教学意味着重构教师角色内涵、资源支持体系和工作流程。

结构上：

1. 基本内涵

基于国家课程标准的校本化细化和系统化；基于学情的课程实施；以帮助学生学力进阶为教学设计的基本原则；以促进学生能力体系构建为导向的教学价值澄清和持续确认；以深度学习为要旨，以富含复杂思维和高阶思维的学习任务设计为中介，以学生个性发展、能力发展、知识深刻理解三维一体的整体发展为终极目标；以课堂中学生学习活动为核心设计内容；以基于现场的学习评估以及学力评估为学业质量监控的重要方式。

2. 推进策略

基于教师教育教学经验和学理分析的双向整合与双向互动；以优秀教师、精品日常课堂为主要抓手的课程系列化建设策略；以视频案例、教学研讨为课程建设主要成果的显现形态。

3. 过程设计

理论学习阶段；反思研究阶段，结合阶段质量调研，打造有效课堂；课堂展示阶段，推出精品课，并在此基础上提炼形成各教研组的《基于标准的教学实施方案》；全面总结阶段，从教师个人、参与课堂实录人员、参与合作学习观察人员及教研组多个层面对活动过程进行总结，汇报交流。

内容上：

1. 标准体系的目标

为了保障学生的完整性。进入教师眼中的学生，如果被符号化和片面化，也就意味着被异化。而如果教师将学生看成生动完整的、丰富且个性鲜明的、持续发展的个体，那么后者将变得“可爱”起来。这样的人将既追求构建社会关系，也充分发展智慧，也最有可能成长为学习型社会中的活跃而负责任的一员。

为了保持学习的原动力。学习过程本身就内含着乐趣和满足，学习兴趣也是学习最重要的动力源泉，因此，对“学习兴趣”的呵护尤为重要。从“快乐学习”到“学习快乐”，从“要我学”到“我要学”都很重要，关键在于两者之间的动态平衡。之所以强调动态平衡，一方面是因为单纯强调其中一点，容易走偏，过分强调“快乐学习”失之放纵，过分强调“要我学”失之管束，而后两种境界又难以一下子达到。这里用“道而弗牵，强而弗抑”可以概括。另一方面，动态性，则是要因应学习者的学习动力表现来做调整，或勉强，或鼓励。

为了保全教育的本体性。学校教育首先是引导人、帮助人投入完整、丰富而又生动活泼的生活世界中去。学校教育的价值在于发现生活的意义。基础教育阶段，学校是要构建通向人生智慧的道路，同时，努力为人在科学世界与生活世界之间的自由穿梭提供更多机会。

2. 标准体系的学科逻辑

学科逻辑，包括其概念（术语）内在关系体系、原理（规律）演进过程、基本视角和研究范式、必备技能和语言系统。

每门学科都有内在的事实、概念、原理原则、理论以及蕴含于其中的思考方式与伦理道德。作为特定学科背景的课程需要从学科中汲取营养，因而带有深刻的学科烙印，由此获得学科的高贵气质，并以此来熏陶人，涵养人，滋润人。

可以这么说，如果教师对学科没有深刻的理解，就难以理直气壮地宣称是某某学科教师。对特定学科背景的关注和重视，不等于学科本位，教师需要站在促进人的完整发展、和谐发展的立场上，理性谨慎地认识到学科背景在整个课程体系中的独特功能（价值）。

以校为本的课程，既需要对学生特质有全面的理解，也需要对其阶段性发展需求有具体而微的把握，还需要对未来的“好”的表现有憧憬。如此，才可以凭借着“特定的课程及其结构”“富有魅力、高质量的课程”养成“独特而又杰出”的人。

3. 标准体系的内容标准

不同学年段的学习者应该知道：什么（知识）和应该能够做什么（能力），国家课程标准往往在这些方面有细致的描摹并提出了“最低”标准。

其中，在“知道什么”部分，要区分出“核心知识”和“缄默知识”。所谓“核心知识”，应该是最具有生长性，与其他知识最具有广泛联系的基本概念、规则和原理；所谓“缄默知识”，就是那些可意会但难以言传的内容。人所能叙述、言说的部分远远小于所知的整体，即“冰山一角”。在“能够做什么”部分，需要捋出“基础学力”和“关键能力”来。这需要从社会发展、人的发展角度出发，用哲学和教育学两把筛子来仔细地加以筛选。①

可以这么说，有时候，教师并不真的知道学生需要学习什么，学生在学习具体的内容上有怎样的理解（含语词理解）障碍，有怎样的思维歧路，他们的相异思维发生在哪里。教师需要的应对策略就是：第一，将自己作为学习者，尝试转换视角；第二，“坐在学生的板凳上开始教学”，去观察和分析学生是如何“经验课程”的；第三，向有经验的人求教。对于学有余力的学生，需要增进学习方式中“探究”“自主”的成分；对于学有困难的学生，需要将教育干预“前置”，结合教材内容，用鼓励“提问”的方式，引导他学会走进教材，加强理解，进而能在日常课堂更好地跟进式参与。

4. 标准体系的成就标准

学业成就，应该是个综合体。其中可测量、可观察的部分，往往是一种“基于情境的反应”，循着这种反应去推测学习者已会什么，已知什么。因此，关于学业成就的评价，

---

① 刘霞，沈斌. 基于“数字布鲁姆”的初中地理学力评估[J]. 中学地理教学参考，2011(10).

无论是阶段性的还是总结性的，教师都需要树立“将评价作为促进学习真实发生的工具，让评价成为一个成长的坐标系”的理念。

从人的发展角度看，可以将课程学习当作穿越的旅程。所有的课程都在综合地追求人类文化经验。教师需要记录学习者的学习履历，并以此作为心灵成长的记录——这是一个人的成长故事集。他曾经做过什么，做到了什么程度，用此质性化的评价方式，尊重每个人个性化的成长历程。

在基于标准的教学中，评价方案要先于学习活动方案的设计，以保证教学活动是围绕着目标展开的，以保证学生学习活动的效度和信度。

5. 标准体系的机会标准

办学者需要将对人的学习权的尊重和维护作为思考、行动的起点和归宿。同时，为了集体的教育形态，学校教育有必要构建出一套以人的发展为本的人和人相互作用的规则体系。这包括确立教学规范、关系规范以及课程资源分配的规则。其目的是为每个学生提供多元、均等的机会，提供丰富的、更具有适应性的资源，保障参与其中的人被倾听、有充分表达个人意见的可能性。

这些，可以用以切实地体现“公平”——机会均等，保障选择权。而且，参与其中的每个人需要有强烈的规则意识，并且能娴熟地运用规则，而这也可以在最大程度上扩展集体中每个人的自由。

6. 标准体系中的教师和教学

教师的作用，就在于帮助学生的学习和生活从依赖他人走向独立自主。当前，教师有必要将学生的学习方式的转型作为自己的职责核心所在：构建的学习活动为质疑、探索和表达提供更多的机会，创造更多的表达空间，搭建更灵活的进阶平台，形成更丰富的互动载体；引导学习行为超越个人化而成群体合作的行动，以此养成团队精神，促发集体意识的觉醒。

教师常常奋战在课堂，对课堂既熟悉又陌生——具有对课堂展开的良好洞察，但缺乏分析梳理、提炼升华的框架，而“研究课”基于课堂的研讨，用头脑风暴的方式来呈现“实践的理论”“每个教师自己的实践教育学”，是一种比较妥当的方式。

7. 评估与反思

（1）依据课程标准确定学习目标，就是学习“将要到哪里去”；同时需要结合实际学情，确定学生的课程修习评价细则标准，明确学生应该和实际上应该、可以“学到什么程度”，这是需要教师十分清楚的，否则教学就会没有方向，教学尺度的把握就不够准确，课堂教学的效益就不能达到最优化。

（2）将课堂实录的研究影响扩大化，将其作为教研组、备课组进行教学研究的重要载体和抓手。以课例研究、教研组研讨的方式引导教师重视课程标准，研究课程标准，以此规范课堂教学，避免教学过于宽泛而重点不突出、形式化地完成任务而目标不明确，甚至偏离方向等问题。

（3）基于标准的教学设计是以课程标准为教学设计的逻辑起点，它是针对当前教学过程的随意性、盲目性、重显性结果等弊端而提出来的一种新的课程实施与评价方案。

（4）将研究成果物化，形成较高质量的"基于标准的教学研究"的课例集及课程实施方案。各教研组在小组研究的基础上，也着力提炼基于标准的教学设计的流程和路线。

综上所述，基于标准的教学，就是让教学从惯例中"跳出来"，从高处俯瞰；从惯性中"挣脱"出来，以理性和感性兼具、直觉和逻辑互融的方式加以辨析；从教条中"解放"出来，在不断追问、行动、反思中灵动地构建起准则和程序。

它的背后有一定的思想，有探索的痕迹；它尽管离完美有距离，但是真实且生动。这些共享的知识是智慧的源泉，更是保障教师专业幸福的重要基石和支柱。

学校管理层期望，通过"基于标准的教学"之行动研究，点燃每一位教师的工作激情和探究热情，让每一位行动者积极审视每个课堂中真实发生的教学行为与学习表现，呵护学习者的主动性与创造性，商讨教学行为引发高质量学习行为的有效性，催生教育者自身的深刻生命体验[①]和智慧实现。

打造高效能（效益＋效率）的课堂是每一位教师努力的目标，在教学中始终坚持以目标为导向，以评价为护航，注重体验性生成，以此指导教学设计，才能将培养目标真正落到实处，惠及学生，提高效益。

二、确立好的课堂的意涵和模型

仅仅有言说清晰的教学主张还不够，还需要构建出课堂案例来——使得教学主张更具有实践意义上的可说明性，并在日常的教学过程中不断生成。步骤如下：第一，在学校里寻找好课的样子；第二，好的课堂需要建模，并因此具有更好的迁移性；第三，课堂案例，从0到1的确立，然后是从1到N的丰富；第四，从课堂案例入手，可以进一步归纳出课型，提炼为教学思想，演绎出更多的课堂精彩实例；第五，还需要寻找出课堂案例中蕴含的操作性策略。

为成长而教，为主动而教，为人格审美而教，为学力提升而教。课堂变革，是困难的，也是渐变的，还是累积的。[②]

1. 指向成长的课堂

人的成长的内容，一种是获得知识、能力等功能性的进步；一种是获得动机、情感、价值观、意志等敏感性的提升；还有的是通过互动，获得社会性的和谐（如图1-11所示）。

---

① 沈复．浮生六记[M]．北京：中国画报出版社，2010.

② [日]佐藤学．静悄悄的革命——课堂改变，学校就会改变[M]．李季湄，译．北京：教育科学出版社，2014.

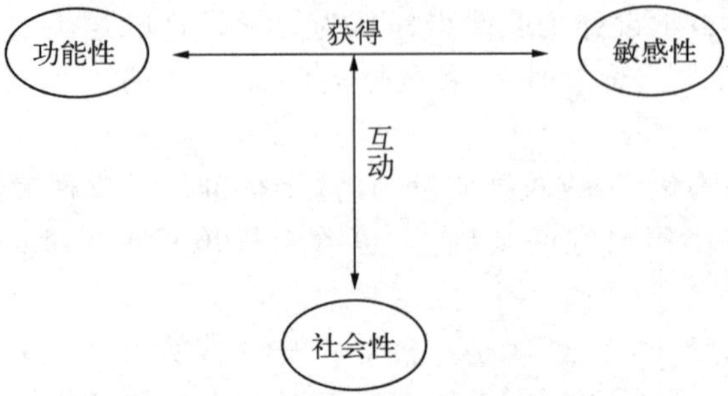

图 1-11　成长的一般内容和过程

每个人的成长有着相似的节奏，也有着特殊的节律。学生的成长，一是因为年龄渐长而身体（大脑）发育所带来的成熟；二是因为阅历逐渐丰富，在耳濡目染中受到潜移默化的影响，如待人接物的有礼、言谈举止的有度等社会化程度（人际交往素养）的提高；三是学校教育中，因为严格安排的课程学习、生动活泼的校园生活，在目的驱动之下，在统筹安排之中，学力得到提升，人格不断完善。发生在学校的学习和成长，同时也意味着对话价值的凸显（如图 1-12 所示）。

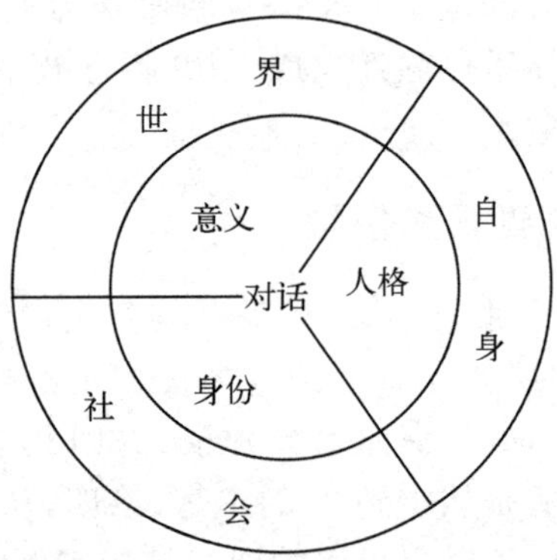

图 1-12　对话的对象和"获得"

人在与周围环境的互动之中成长起来。为成长而教，意味着充分挖掘学科的教育价值和成长意义，使之成为人看待世界、理解世界、建设世界的一种独特的工具、手段和方式。为成长而教，意味着教学材料要具有足够的生活性、时代性，及典型性、说明性。为成长而教，要尝试对应试加以超越，然而又必须能很好地应对考试；这是一种教学追求，这种追求务必通过具体的样式来加以呈现，否则就会成为飘浮在空中的气球。

如前所述，成长具有复杂性，想走进学生心灵并不容易，为成长而教，需要教育信心，需要教育勇气，需要教育智慧。

指向成长的课堂是好的课堂。这种成长是人的完整性的成长——与世界对话，获得意义；与自己对话，获得人格；与同伴对话，获得身份。在学科层面上，获得意义在于真实触及并真正探究学科的原初问题、基本（重要）概念、独特视角、思维方式、研究范式；在社会关系层面上，一是感受到自己的喜好和发掘自我的价值，二是以互动的方式明确“我·你”关系中对自我定位的预期以及实现。活动的课堂、合作的课堂、反思的课堂，是实践意义上的课堂[①]（如图 1-13 所示）。

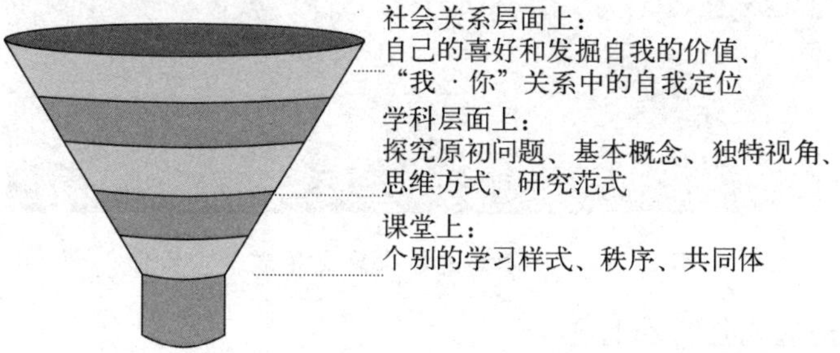

图 1-13　“活动的、合作的、反思的”课堂示意

教师要会引导人学习。循序渐进，既不挂一漏万，也不顾此失彼，而是周全地、细致地、有效地引导学习者步步深入，掌握重要的，理解根本的，进而可以做到举一隅而以三隅反。这即是好的课堂之重要意涵。这样的教是对教育本质的守护，是对成长需求的洞察和关心。教育是人影响人的事业，是规范性的事业，教师即课程，所教的即为教师自身，教师自身的丰富的敏感性、恰当的宜人性、高超的学术性，越来越成为“好”教育的重要基石。

2. 指向成长的课堂需要教师具备的能力

一是对学习性评估的把握。学习性评估，是为着学习的，是嵌入真实学习过程之中的评估，类型可以是多样的，最常见和基本的是测试。测试和评估的内容需要前置性考虑，这是为了教学目标更为清晰，更具有可检测性，进而保证课程的有效。

二是对学习材料（教材、学程）的分析性理解。“循循善诱”，很明确地指出构建科学学习时序的价值——能够更快地洞察事理，达到“明心见性，直指人心”的互动效果。教师也要会分析教材。它山之石，可以攻玉，在不同版本的教材中博采众长，为我所用。

三是具有课程的意识和基本能力。课程的价值体现在课的“一贯性、连续性、协同性”上。一贯性，是课对学习科目重要问题、基本思想、核心能力的一贯重视；连续性，是指后节课一定要在前节课的基础上进一步积累、提升或深入；协同性，是指不同的课的具体指向有差异，但能构成完整的课程。课程的价值就在于架设一座桥梁，帮助学生从学科本来价值出发，通过“再发现”而生成个人的意义（如图 1-14 所示）。

① 沈斌. 新课程呼唤主体间性地理课堂[J]. 中学地理教学参考，2007(4).

图 1－14　从学科的本来意义生成个人价值

3. 好的课例应当是什么样子

课例，是关于特定课型的好的例子。不同类型的课，要用一个或者以上的例子来加以说明。无论怎样的课型，课堂都应该是认知实践、伦理实践和审美实践的综合融通。课堂成为学习共同体内的实践，既可以是“同步学习”，也可以是“异步学习”，然而相互的激荡、彼此的勉励、真诚的欣赏、充分的包容都是必要的(如图 1－15 所示)。

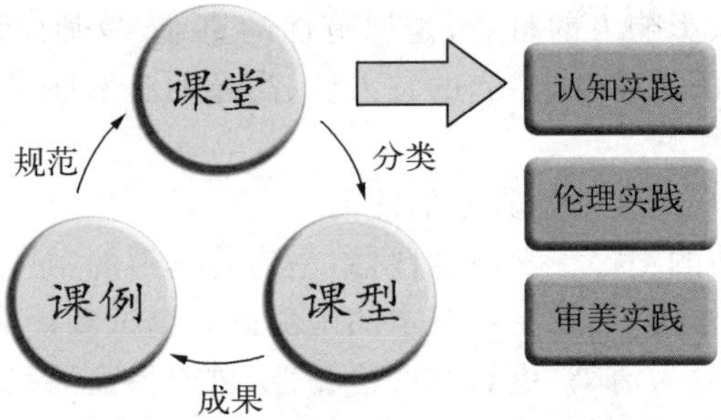

图 1－15　课堂、课型和课例之间的关系

从对学习内容的侧重来看，可以分成预习指导课、新授课、复习课、练习课、讲评课、辅导课等课型。

从课对导向学习深入的观照来看，可以分为示范型的——教师引入课题，示范方法，明确学习目标，布置新的学习任务；指导型的——在完成学习任务的过程中，教师适时点拨，优化学习行为，娴熟学习方法，师生共同完成任务；独立型的——在学习任务的驱动之下，学生综合运用所学，独立解决问题，呈现学习作品，教师组织学生相互点评，相互学习，并使得每个学生获得后续改进的方向和具体建议。

课例，是教师凝聚教育实践智慧的载体，是教师之间进行交流的重要平台，也是教学的“规范”和“标准”。课例，要成为集体教研的产物，成为教师的教学成果。课例，蕴含着具体的教育规律，是情境性的教育知识，呈现着对课堂教学的深刻理解；闪耀着教师的信念，晕染着教师集体和个体的强烈色彩，汇聚着学习者对课堂进程的贡献，是师生真实生命旅程的记录、反思、感悟和升华[①]。

4. 如何共同开发课例

开发课例，需要一些基本的信念：第一，不同的教师会给学生带来不同的学习体验；第二，不同的学习结果需要不同的学习方法；第三，各学习科目共同地追求人类文化经验；第四，学科具有其独特的育人价值，既不可妄自尊大，也不可妄自菲薄；第五，不同的学习内容和任务需要不同的学习步调和节奏；第六，课例既包含也揭示着“学生是在如何学习着”的丰富信息，需要进行深度挖掘；第七，“以学定教”通过课例可以加以说明；第八，可以分享“教引导学”的智慧。

开发的过程，对教师自身而言，是对自我的确认和发现，也是自我追求的重要表现，是对“更好”的期盼以及“可以怎样、应该怎样”之间的兼顾。

学校层面上，开发课例的过程，应该是个体深度思考、集体互动完善、课堂动态呈现、多种媒体记录、模型化结构性揭示的完整过程（如图 1－16 所示）。

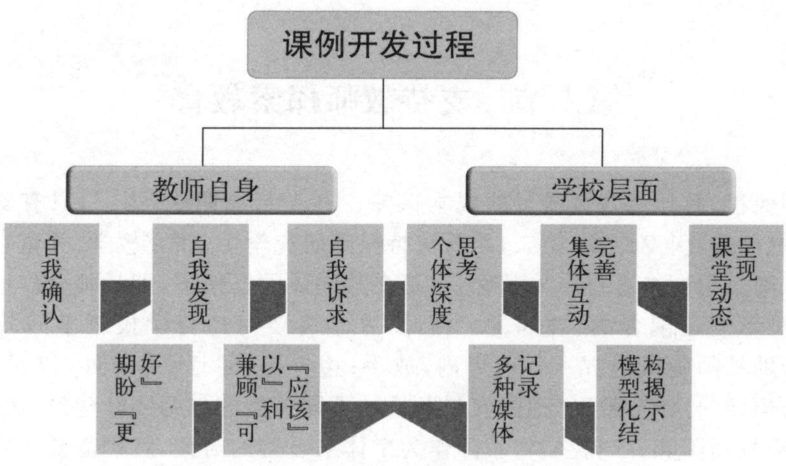

图 1－16　开发课例的过程示意

下面是对“共同开发”课例的一些形式化的阶段说明及其试图解决的问题清单[②]。

一是策划课型。具体的学科可以包括哪些课型？这些课型如何汇聚成涵盖学科课堂教学的整体？学科的本来价值和对人成长的意义在哪里？

二是分工合作。谁擅长什么课型？谁可以对某个课型贡献更多？学习资源如何整体优化？

三是审问习惯。何谓好的（学科）课？我相信的教学策略是什么？我认为（学科）学

① 沈斌. 精品课：挖掘和分享优秀教师的教育实践智慧[J]. 中小学教师培训，2007(4).

② 沈斌. 建立“公开课堂”制度[J]. 中小学教师培训，2009(8).

习最重要的任务是什么？

四是探索形态。怎样呈现课堂？估计本节课学生将学到什么？将如何要求他们去学习以及怎样鼓励他们深入？

五是研讨深入。该课的学科育人价值体现在哪里？教学特色在哪里有体现，是什么？为达成学习目标必须的学习活动有哪些？还有哪些活动可以作为机动性的安排？

六是初步建模。该模型适用的主要学习内容和结果是什么？课堂学习的流程如何架构？学习任务设计的策略是什么？可供评估学习进步的方式(程序和工具)是什么？

我们相信，如果开发的过程是蕴含深意的，植根日常的，则教学将照耀着理性的光辉，绽放出奇异的色彩，弥漫着美好生活的气息，并旨归人的灵性提升。

好的教学，是丰富的，具体的，个性化的，科学的，也是艺术的；课例是一种对好教学的建模；开发课例，是教育智慧的显性化形式，变得可言表和可以分享。教学，应当从“为了每个学生的成长而教”开始，并归结为：成其所是，促其所能。

我们期待，尊重并提升人性的教育，我们相信“因专注，得自由，以创造”的境界可以达到。

第六节　支持教师探索教育

教师即课程，教师是教育质量的根本保障。办学者要明确：第一，只有支持才能唤醒主动，点燃创造，引发专注；第二，需要支持教师研究学生、研究教学，并富有特色。办学者可以从两个角度来看待本校教师：一是在共同体的框架下，即教师合作地对学生施加影响，这种影响是耦合的、叠加的。因此，办学者要对违背学校哲学的教师行为说“不”。要帮助教师确认边界——边界内，放手；边界上，对话；边界外，拉回或者终止。二是要大力倡导“合作”，鼓励“抱团发展”，推动不同类型的教师团队建设，比如，学科教师团队、班级教师团队。当我们将教师作为个体来看待的时候，特别需要包容教师的个性，支持教师成为完整的人。只有每个个体充分、自由、全面地发展，才有可能成就教师团队，助益学生成长。

一、共同体中的教师

教师的专业性，从个体角度来说，可以将“良心、常识、训练和积累”作为基本的要求，更需要放在学校这个专业组织和机构的整体背景中来加以思考和着手提高。

现代教师的职责，尤其是在课堂上，越来越多地表现在启发思考的积极性、鼓励独立思考、优化思维策略上[①]。评估教师教育教学绩效的重要方面，就是其在帮助学生形

① [日]佐藤学.教师的挑战：宁静的课堂革命[M].钟启泉，陈静静，译.上海：华东师范大学出版社，2012.

成完整的心智模式，并使得这个心智模式获得不断演进的能力和作用上。而这种助益，越来越表现为教师团队的协同和合力，每个教师的独特作用、独立工作，都要放在教育影响的整体优化上来考量。

学校的专业性，突出体现在专业服务能力上，即了解成长需求的工具和程序、支持多元成长的课程和指导、评估学习进步的描述能力和反馈机制。其背后则是学校组织性学习能力的提高，及作为组织的知识管理——学校作为学习型组织①的发展意识、自组织②能力以及清晰评估的自觉性。其重要表现就是教师共同体的形成和发展。具体来说，有以下几个重要任务：

在了解成长需求的工具和程序方面，一是把握青少年成长的阶段性特征和成长中共性的、时序性的需求，以便顺势而为、因势利导；二是理解成长需求的不同表达形态，以便因材施教和因事而为；三是对每个个体以及他们不同阶段的成长需求都能主动地关注、积极地回应、智慧地引导、及时地鼓励。

在课程设计上，契合学校发展价值和方向的课程体系构建，比如，课程结构设计、课程编排设计、课程运行设计、课程评估设计。任何课程都可以有，也的确存在不断改进的可能。其空间在哪里、课程的现实状况与理想之间的距离需要仔细掂量，更需要人们知快守慢地去不断逼近目标和终点。

在课程实施上，关键点有二：一是课程资源的丰富度和契合度，二是条件性资源和素材性资源的相互支持。简而言之，如何支持学、引导学、鼓励学，需要系统规划、扎实实践、不断优化和持续改进。

在个别指导上，要制订学习手册，师生要一起讨论出现的具体问题，多方协商，明确发展的愿景、方向和目标，确定促进进步的措施和监控进步的评估方法，充分利用和分配时间，学会管理学习物品和情绪体验。

在描述学习进步的能力上，一是关注到哪些方面是学习进步的表现，二是这些进步的方面有多大程度(个体坐标、群体坐标)，三是其存在的真实性和描述的清晰性。

清晰描述，只是为准确诊断做了很好的准备。同样的，准确诊断，也不是目的。如何构建出促进进步的策略、方法，并形成整体性或者一揽子的方案，才更为重要、更有价值。

同时，还需要特别地考虑到，学校作为机构，“在集体中，为了集体，通过集体”是很重要的，也是切实可行的思路和策略：用于评估的尺子有多少种，教师都认真和细致地思考过、使用过这些尺子，并确认它们是好的吗？有效鼓励学生进步的反馈机制是否健全和丰富？如何确认鼓励多少次为好？成长有周期，鼓励是否也要有周期和节奏？总

---

① 傅强，冯宗智．品尝变革——学习型组织的建设可以从“世界咖啡”开始[M]．北京：机械工业出版社，2013．
[美]彼得·圣吉．第五项修炼：学习型组织的艺术与实践[M]．张成林，译．北京：中信书店，2018．

② 自组织，是指在没有外部指令的条件下，系统内部各子系统之间能自行按照某种规则形成一定的结构或功能。

之，在集体生活中，教育者可以综合运用的发现、诊断、评估、彰显、激励进步的方式和方法有很多，只要愿意，人们总是可以寻找到那些曾经在世界上某个角落、某个历史时期，曾经而且也确实发挥了积极有效作用的策略和方法。

以上是作为共同体的教师的学校，作为教育的专业组织和机构，在自身专业服务能力上需要重点关注的几个维度，以及为了实现学校发展目标可以着重发力的关键路径。

二、作为个体的教师

接下来说明作为个体的教师有必要从四个方面成为“好教师”“专业教师”“学术型或者管理型教师”。

第一，良心。教育者的良心，首先是也最好是建构在“喜欢学生”的基础上，这种喜欢和无条件的接纳，是未经雕饰的、纯乎天性的，当然也就是无功利目的和诉求的，“喜欢就是喜欢，因为我的原因，而与你无涉”。第二是立足在“敏锐地感知、切实地担当、有效地实现”上——“你所知即我所知，你所感即我所感，你所愿即我可接受；为你好即为我好，为你好而无其他，如此而已；为你所做即是我所愿，你这样或者那样对我而言都是好的”，这些都是日常本来的一部分。第三则是换位思考性的自我检视，比如，作为父母的我、我的孩子，我期望他的老师是怎样的。公平、耐心、细致、温和、睿智、有磁石般的气场，如此等等。第四是从学生成长的漫长性、曲折性和复杂性上加以考量——是否有(或很多的)学生因为与我的相遇而倍感幸运，我是否给予学生成长以充分的支持和无条件的包容，是否给学生的成长以推力和助力，是否为学生也为自己留下了深刻的、美好的人生记忆。

其二，常识。教育是规范性的事业。教育上的很多事情很大程度上不是“高精尖”的事情。其很多做法、很多理论往往符合常识。同理，那些所谓理论，“时髦，变革，创新，首开先河，国内独创，国际领先”，凡此种种的宣传，只要和一般的见识相违背，都可以也需要去多问一个为什么，多进一步询问是否可能，或者说必须经过慎思、审问和明辨才可以纳入信念系统和工作方法体系。

影响一个人、教导一个人，是最为复杂艰辛的事情，人的变化，其内在的很多运行机理和作用机制并不清晰。甚至在很多时候，难以去对教育行动和教育绩效加以一一对应，它们之间的关系，是综合的，情境性的，互为因果的。但是，依然可以从统计的意义上，从经验上判断一些做法是卓有成效的，是好的。

从事教育，要尊重常识，也意味着需要去寻求诸多教育行动、教育现象之间的关联性。

其三，训练。教师的自我训练意识亟需唤醒。例如教师首先需要自我训练“讲”的技能——讲，能够讲清晰，讲得更好懂——深入浅出，这是基础。而能否讲得生动活泼，这个要求更高，因为它不仅仅是解决知不知、懂不懂的问题，同时还给人们带来了愉悦的感觉——积极的情绪体验往往与认知的方法具有密切的、内在的关联。其次要自我训练的是“示范”——是否正确，步骤是否明了，是否能有效解决特定的情境性问题。再次要自我训练“组织讨论”——如何引发话题，如何引导深入，如何凝聚共识。最后，自我训练运用“戏剧”——戏剧对“转换”有极高的要求，是很好的学习方式。教师是否具有引导学生进行戏剧表演、角色扮演的推动力？以上这些无非是言传身教，切实做到，很难，然而倘若有了自觉训练和系统训练的意识，还是可以不断提高的。

其四，积累。教师做教育和教学需要丰富的经验、成型的试题、成套的学习活动设计和组织、敏锐的洞察、睿智的建议，这些都需要积累。在积累的标准和方式上，要“有框架，成体系”，拿来主义固然可以，然而自身历练、自我感悟、自主觉醒则更为重要。学术化的、正规的积累比之零散的、未加证实的更好、更有效率。这种积累，既需要阅读和反思自身的教学实践，也需要阅读他人的教育行为和集体研讨，还需要掌握理论以便理清积累的体系。如果能将备课本变成研究手册，或许这种积累的价值就更大，意蕴更深刻和深远。

此外，身处集体中的个体教师，要学会感恩整个集体的专业自主状态、专业文化浸润、专业支持等。需要努力在共同体内达到个体专业自主的状态——独立敬业、乐群卓越、相互支持。

综上所述，将教师看作独立的个体，将教师看作共同体，对办学者而言，有几点需要关注：

专业文化的浸润，首要在合作。基于合作的竞争，是合作施为的意识和能力，是态度。其次在开放，保持一颗敏感细腻的教育之心，保持自身经验系统的开放(同时要对自身经验系统的封闭程度，对自身固步自封的执拗，对个人偏见的执迷，对理性缺失的无厘头等，保持足够的警惕)。再次在友善。为人处世，居善仁、存善念、有善举，善待他人，给人信心，给人希望，给人便利，惠而不费，无心之好。

专业支持的构建，一是需求把握，二是机会给予，三是评估跟进。这是对每个教师个体而言的。另外则是在群体积极昂扬状态的理解和促进上，提供平等的地位、民主的机制、和谐的氛围。这种专业支持，还体现在发挥教育故事的力量上，因为学校的教育故事是学校的财富，学校的教育故事是学校的灵魂。教育故事具有感染力，作为办学者的校长要有意识地讲好教育故事。

学校、教师并不单独地对学生施加影响，家长也参与着孩子的学习和生活。这两者之间需要进行持续的、积极的沟通。

概而言之，学校如何看待教师的价值和尊严，如何对外做出承诺？下面以“教师宣言”[①]为例加以说明。

---

① 该宣言借鉴自“希波克拉底誓言”。在西方，几乎所有学医的学生，入学的第一课就是要学习该誓言，而且要求正式宣誓。

我们关心并呵护人的尊严，敬畏生命，追求幸福；以人类智慧和精神财富涵养人的性情和气质；用心养育下一代，创造美好的未来。

我们“满怀悲天悯人之心，秉承敬畏生命之意”，成为“有尊重、包容之情怀，有主动行动、理性反思之意识，有担当、负责之主体觉醒，有分享、沟通之合作精神，有丰富的专业知识和娴熟的专业技能，有职业幸福感、成就感和意义感的智者”。

我们坚持将自己看作知识分子。坚守职业底线，坚守教育良知，以此获得自我认同感、生命完整感。

第七节　建立学校专家系统

教育教学专家系统，是应对教育教学情景中真实任务和问题的整套的、有效的解决办法。通俗说就是“如果怎样，便怎样”。建立的过程，需要经过思辨、筛选、行动、检验等环节，并采用逻辑化、故事化的方式予以表达。它是合作完成的，也是团队内部充分共享的。它应该是内部一致的，这需要用学校的价值主张来检验。其内容既要能够涵盖学校方方面面的工作，更要分门别类，便于使用。可以说，建立这样的专家系统，教师的合作文化是基础，办学者的意识和推动是关键。

一、建立教育教学专家系统的必要条件

1. 建立教育教学专家系统必要且紧迫

在当前统一的、大规模的、外部测试导向的，且单一使用学生学业成绩来评估学校教育绩效的情况下，很多学校为了获得良好的声誉，当学校系统其他方面未做出实质性、整体性提升和变革的情况下，通常是采用增加、延长学习时间，提高教师对教学业务的投入程度，给予教学以更多指令的方式规范教学。而这些措施必须在一定范围内实施，否则可能带来很多负面影响，比如，随意地侵占学生体育活动、艺术活动、自由闲暇的时间，甚至是休息时间；教师之间合作性减弱，竞争性增强，侵占教师用于专业提升、娱乐休息的时间；教师越来越倾向于按照指令的形式化要求实施教学，而非遵循学生成长规律以及教学规律，摒弃采用合作研讨提升教育智慧的方式从事教育教学工作。而这，就容易损害师生身心和谐发展的良性生态和可持续发展的基础。

学校要提高教育教学质量，尤其是在持续性提高上，如何才能有可靠的保障？第一，学生的乐学和会学，乐学是感受到学习本身的乐趣，会学是“入门”了，找到“诀窍”了的方法娴熟，两者相辅相成；第二，学校在提升教师质量上，尤其是在非侵入式提升教师队伍整体质量上的系统措施；第三，处于持续改进之中的学校课程体系。而这三点又可以聚焦于教学的个性化和精确化。个性化的教学能很好地让学生享受到学习内在的乐

趣，即“掌握和精通所学内容”，进而变得乐学；也能使教学对个体更具有适应性和针对性，提高“会学”的程度，即学习策略的灵活性和学习方法的系统性。精确化的教学，使得教师能在学生学习进步方面有更为准确、及时的诊断和调试，使得教师能清晰明了地根据班级整体特征，更为恰当地实施大班教学、小组教学和个别指导。教学的个性化和精确化的坚实基础在于教学专家系统。

2. 教育教学专家系统的重要内容

以学校的教育教学专家系统为例，它需要就如下问题做出回答：

第一，学生已经会什么，还不会什么？学生喜欢什么，不喜欢什么？经过学习，要会什么，有可能会喜欢什么？教师首先要思考这些问题，因为教学从这里开始。对学习起点状态的查明，可以说是一切教学的根本基石。学习的阶段性结果状态即学习目标，这个目标有待成为具有内在清晰关联的学习内容（及其掌握程度）体系。

第二，如何帮学生从起点到达中间节点？这需要设计学习活动，规划学习任务，筛选学习资源，并由此整合成包含着一系列教学内容、教学策略、教学资源、学习工具的库。在教什么的问题上，如果透过教的具体材料，指向“素养”的养成，则要尝试从一门课程的核心目标入手，构建出一个契合目标，能灵活结合具体内容的、综合性的素养结构模型。在怎么教的方面，方法为王。以写作的进步为例，人们要积累属于自己的写作材料，之后要将这些准备好的材料围绕即将阐释的主题有逻辑地加以组织。

第三，何以评估学生的学业进步？一是要结合运用好素养结构模型，二是要构建动态评估模型。需要让评估能够嵌入学习过程之中。这种评估不需要额外地花费教师和学生的很多时间，教师就可以确切地掌握有关学生每日进步的综合信息；而且这个评估工具的管理和使用不至于干扰正常的教学秩序。

对于需要回答的这些问题，已经具有了哪些准备和基础？还将要做出怎样的系统思考和整体改进？

以上这些问题的答案，构成了教育教学专家系统的核心。学校的教育教学专家应解决哪些问题？例如，课程修习手册，为着解决学什么的问题，也是怎么学的资源系统的校本化构建。再如，教育教学工作手册，要成为教育教学工作流程再造以及教育智慧进一步系统化、显性化的载体。怎么教的策略，在一定程度上要能够在全校范围内得以有效聚合。而且需要做好顶层设计，做好细致跟进，以使得这个工具库、策略库变得越来越精致和适用。其中，难题有二：一是构建学科素养结构模型和评估过程模型；二是构建“数据搜集、过程记录、自动分析、及时且能进行信息主动推送”于一体的反馈系统。

二、建立教育教学专家系统的关键任务

1. 明确“好”的教育教学的内涵和样式

教学的基本任务是什么？当前的教学形态中，不恰当的主要表现是什么？

教的目的是为了不教。为着迁移而教、为着理解而教，就是教学的方向。教就是要

帮助学习者专注投入学习活动，这样的学习活动要具有增值的功能。这种增值，在于学习动力的强劲，在于方法的丰富和成体系，在于掌握事实性知识的同时娴熟技能和发展能力，在完成学习活动的过程中，积累积极的情绪体验，养成“向上”的情感和态度，确立正确的世界观、人生观和价值观。归结起来，教的关键任务就是学会思想的法子，诞生精彩的观念，确立自己的人生信条。

当前的教学形态中有几种类型的“缺乏”：一是缺乏引发学习动机的“情境”；二是缺乏能起到切实统领、整体指引学习方向作用的“先行组织者”；三是缺乏课堂上真实、丰富，严格意义上的“对话”；四是缺乏对学生思维可视化的“引问”“诘问”“追问”，以及对思维过程的尊重、肯定和对思维结果的赞叹；五是缺乏对“能力”，尤其是解决问题的策略和方法的重视；六是缺乏对真实学习过程的准确理解基础上的“学习方法”的示范、指点和赞赏。简单说，是教师缺乏对自身教的行为的理性思考，缺乏对学的意义、路径、策略和法子的关注。学与思要结合，教师对那种获得事实性知识的“学”，以及巩固性的“习”的单一强调，就容易损害对“思”的引导和关注。期待基于自然学习走向具有个性的科学学习。

可以这么说，完成了基本任务、蕴含着更高附加价值的教学，是好的教学。它是对当下教学形态的扬弃，是扬长补短。

2. 构建教育教学专家系统的一般性策略

如前所述，建立学校的教育教学专家系统有两个难题。尝试解决时，不能就其一着力，而是要从日常的教育教学形态中去寻找，去发现，去确认且再尝试，去整合，这也是人们倡导深入班级、深入课堂，“推门听课”“行政调研课堂”“深度研讨”“详细记录”“系统分析”，随机调研，倾听诉说，迅速反馈，结论待定（搁置争议、指向事实）的缘故。

这里包含着这样一些假设：第一，期待建立的教育教学专家系统，已经部分地存在于日常教育教学形态之中；第二，所要建立的专家系统，一定是契合特定的教师和具体的学生群体的，不是也不追求形成放之四海而皆准的“一般”，而是教育教学规律的具体表现形态的“特殊”；第三，即使是精致的课堂、精彩的学生活动，在纳入教育教学专家系统之中的时候，也需要经历“描述”“分析”“确认”“归纳和概括”“梳理和总结”等艰苦的理性思索和探究的过程；第四，相信每个教师、每节课都或多或少地体现了教育教学专家系统的特征，然而又有待于进一步的优化和提升；第五，建设教育教学专家系统的过程，是集体的商讨，是个体智慧为集体所分享、放大，是形成学习共同体，是管理学校知识的过程。这个系统要成为学校的核心财富。

听评课，是对教育教学专家系统的检验。一是检验教学目标定位和教学内容的科学性；二是检验教学方式引导学习方式提升的程度；三是检验师生相互作用过程中的默契度以及对学习习惯的引导（规范）程度；四是检验学习结果的达成度；五是检验课堂时间分配的合理性；六是检验针对特定内容、特定学生的课堂教学是否有建模以及模型的合理性；七是检验课堂是否对学科素养进行了有效培养和重点关注；八是检验教师教学风格的形成程度。

概而言之，建立教学专家系统的策略是：以理性设计教学，以反思提升教学，以合作凝聚思想，以循证获得改善。

为着建立教育教学专家系统，办学者需要整合“变革的力量”，推动“静悄悄的革命”，寻求“突破”。

第八节　共享团队行事规则

一、管理团队的公开约定

1. 行事原则[①]

一心为公：教育没有小事，举轻若重。学校的事情是大事情，教师和学生的事情是大事情。

切实服务：能解决困难，主动帮助。服务对象没有想到的，我们想到了；他们想到的，我们做到了，而且做妥帖了。服务无痕。做事在先，工作第一。先忧，后乐。

处事公平：对事不对人，务实不务虚。对不同的人无分别心。事业心为先，慈悲心为基，讲究同情心。厚道为人，公道处事。

以身作则：自觉将自己的言行置于法律法规允许范畴内，置于学校的价值引导、文化主张、既定原则的范畴内。

2. 共事标准

首问负责：当学校领导或者管理团队的成员被校内教职员工、学生或者家长咨询时，能回答的立即回答；不在自己职责范围内的，可向有关人员询问，获得答复，即可转告，也可以请其直接回答咨询者。

快速响应：对于师生的发展性需求、合理的需求，要在尽可能短的时间内，在学校条件允许的范畴内，予以条件性支持和资源性支持。

主动思考：每个团队成员，在自己的工作领域内，应努力深入思考，遇有需要请示的事项，要触及问题，更要思考出解决问题的多种方案，以供评估和优选。

一致声音：在学校价值取向、原则立场上，不持个人观点。在具体事务上，不对不同处置办法加以评论。

环节闭合：对事件的处置，要让管理环节闭合。有布置，就有检查；有检查，就有反馈；有反馈，就有跟进评估。做事有头有尾，不虎头蛇尾，不雷声大雨点小。

---

① [美]瑞・达利欧. 原则[M]. 刘波，綦相，译. 北京：中信出版社，2018.

报告进程：对领导交办的重大事宜，在解决过程中，重要节点上，让领导知道事项的进程。待其询问，即已被动。对待任何事项，努力宽着期限，紧着进程。

构建制度：探索在一系列具体问题解决的过程中，凝聚共识，确立原则，归纳共有环节，尝试形成制度化的解决办法。这次，这么做，是好的；下次，类似情况，即照此办理。

耐心倾听：对抱怨要耐心倾听。每个抱怨，隐含着对工作中需要加以改进之处的提示，也隐含着改进的方向。

无缝衔接：当需要多人合作、多部门协同的时候，将本人负责的事项向前和向后适当延伸，使得工作对接无缝，不留漏洞。

3. 工作策略

清晰内容：对工作内容清晰明了，熟悉法律法规、政策。

熟悉流程：做什么，怎么做，明明白白。

要事第一：最重要的事情放在长期思考的位置，想清楚再去做。

急事急办：最急需去办的事情，放在立即办的位置。

共同承担：不推脱，不推诿，不找借口。若有差池，责任在我们；若有功劳，则予他人。

学会统筹：工作、生活要统筹；学校、家庭要统筹；要事、急事要统筹；管理、教学要统筹。不偏废，不忽略。

教学示范：让自己的教学过硬。对教学有整体的思考、通盘的谋划——有思想，有特色，能操作。教师，是我们永久的身份；教学，是我们恒常的工作。

教育行家：对教育深入思考，了解本质，了解形势，教育很大程度上是个“守经达变”的事业。对教育史、教育哲学有兴趣。能洞察教育现象，能解决教育难题，能坚持教育理想。

带人进步：给人信心，给人欢喜，给人方法，给人温暖。缺点不遗漏，优点讲得透，方法给得足。

要言不烦：想清楚再说。闲话少说，事理讲透，深入浅出，善用譬喻。

学会合作：个人难成事，团队才重要。

学会沟通：明确对方意图，了解言语本质，尝试交换看法，做好解释工作。

乐观向上：办法总比困难多。信心传递，决心释放，情绪感染，充满激情。

求真务实：说实话，做实事，出实招，求实效。

换位思考：理解立场，宽容待人，看清要旨，价值鲜明。

做好预案：预先对一些重要的事情或棘手的事情，以“如果……，则”的方式，给出“怎么做，怎么说”，做到“临危不乱，临事有则”。

二、引导员工正确地做事

学校的发展，战略是一个点，执行是一条线。如何将组织所说的，变成组织中每个成员所做的？这在于流程。战略是保障人们做正确的事情。执行是保障人们正确地做事。

协同人们做事情，首先要区分好“谁的事”，我自己的，还是其他人的；其次是“用谁的钱（精力）来做这个事”，我的，还是别人的；进而，可以形成两个维度，四个象限。处于不同象限的事情，人们的态度是不同的。这就是人性。

作为现代教育工作者，“我的职责是什么”“我如何创造价值并使得自己更有价值”，这两个问题需要时常扪心自问。概括地说，就是自我负责、创造价值。

人们通常比较乐于“模糊、清谈”，这是好面子的表现。作为管理者的办学者，要将管理行为清晰地划好边界：管理者的重要任务就是分解责任；善于将成就感让渡给职工；坚持将信任作为合作的基础，而非管理的基础；越信任，越检查。

何谓正确地做事？正如前面所说的——自我负责、创造价值。促进团队正确做事的流程在于：结果定义，责任承诺，结果检查，即时奖惩。

办学者，想得到什么，就要激励什么；要想加以激励，就必须进行检查和评估。人们之所以有内心的动力去从事某项事业，是因为内在的成就感。有大成就的人，常常是因为成就感而有成就；而普通人则是因为有成就，而有成就感。

办学者要知道，疏解团队的困惑很重要。困和惑都让人不舒服。解困，在于顶天立地，接地气的同时高瞻远瞩；解惑，要在多种可选项目中，坚定价值、灵活策略，执其两端取乎中庸。

好的管理，使得工作具有生产力，员工具有成就感。

正确地做事，基础在于做正确的事：学校的存在理由，是其满足社会对教育的需求。卓越的机构，按照“从 0 到 1”的观点，必须解决 10 倍于其他同类机构的难题或者获得质量的提升，才能称之为创新①。

正确地做事，是过程；事情做得正确，是结果。要想获得良好的结果，办学者要明确：

学校是一种媒介，是员工通过机构实现自身价值、谋求生计、获得社会地位、融入社群、取得成就感的中介和桥梁。由此观之，员工之于组织的价值，一种是不可替代，成为组织优化与改进的推动者、倡导者与力行者；一种是不可或缺，坚决执行组织的指令，并成为中坚力量；一种是可有可无，按部就班，需要组织中的其他人来推动；一种是拖了组织的后腿。

另外，学校作为组织，要在责任、激励、参与、满足、诱因、奖励、领导、身份地位、职责等方面做出安排，以避免层级之间的憎恨和争斗。人们很少会做办学者所希望的，只会做办学者所检查和监督的。“所希望”，通常停留在愿望层面，而要“落地”，就需要管理。从这个角度看，管理是科学，也是因应具体情形的创造与艺术。

行动，改变命运——主动改进、自我认同、荣誉与尊严、团队协进，助力一群孩子走向理想的彼岸：分享人生经验，追寻生命智慧，共享追求真理的乐趣。

---

① [美]彼得·蒂尔，布莱克·马斯特斯. 从 0 到 1：开启商业与未来的秘密[M]. 高玉芳，译. 北京：中信出版社，2015.

第二章　教学者精进手册

相信学校，意味着学校的教师团队可信。相信教师团队，更多地指向对教师集体表现出的职业操守的社会认可，对教师专业行为的信服，以及愿意将自己的孩子托付给他们，并相信他们不会辜负期望。

教师是职业，也是专业。那些从事着教学工作，以自己整体性、专业性影响着学生内心天地，提供适当课程以帮助学生“穿越”并获得进步的人，可以通称为教学者。成为教学者需要做怎样的准备？他们具有怎样的特征？他们如何在职业和专业范畴内发挥作用，工作内容是什么？为更好地承担职责和履行使命，如何精进？

概而言之，从教者，好的行走姿态是追求教无定法，坚守教亦有法；态度温和而坚定，秉持正面管教的方式，给人以温暖柔软的感觉，践行“积极引导”。[①]

第一节　何谓教学者

教学者是拥有丰富人类文化知识和生存智慧的人，他承诺助益他人，深刻且长远地发挥作用；帮助学习者打下人生底色，守护为人底线，厚实人文底蕴。教学者的重要意识和核心能力在于坚持正确的教育，掌握科学的教法，追求艺术的积极干预，共情沟通、察觉需求、提供课程以及实践反思。

为什么教学者需要做出承诺且切实兑现呢？一方面，教学者以自己的全部身心、言行、人格气象和学术素养整体地影响学习者；另一方面，学习者是问路的人，他需要获得指引以确立人生走向、追求幸福，并在此过程中留下美好的记忆。可以说，教术的精巧精通，是效率的保证，而教育的价值追求才是效能的基础。

教学者，一是作为角色的整体意涵，二是将“教”和“学”看成两个相互作用的过程，三是为了“学”而“教”。为此，需要细致地辨明其内在的关系，(如图 2－1 所示)。

---

① [美]简・尼尔森. 正面管教[M]. 玉冰，译. 北京：北京联合出版公司，2016.

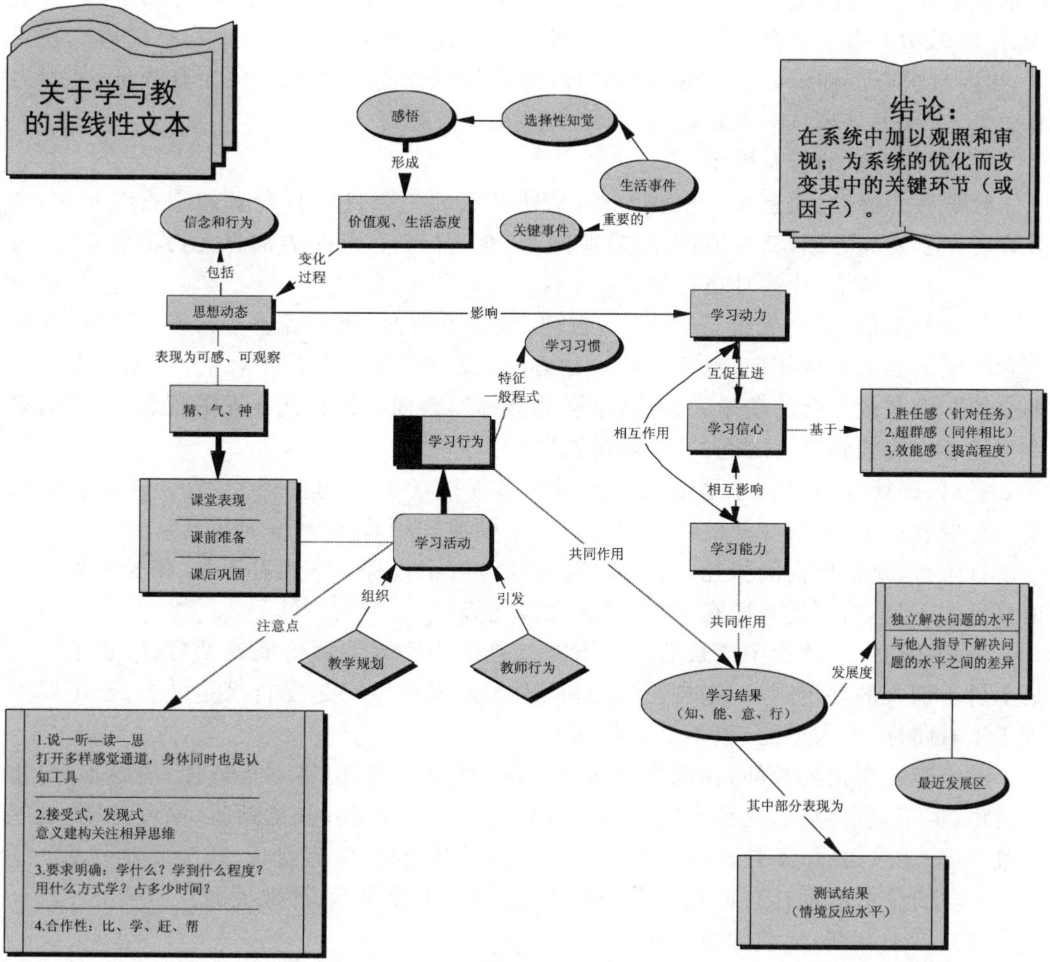

图 2-1　学与教的关系示意图

一、教学者的内涵

1. 以德率性的知识分子

教学者的力量在于活得有质感、有厚度和温度，这就要慎独、克己、洞察、践行，成为德性之人。

一个人若是活得没有分量，轻飘飘，既让周围的人瞧不上，也让自己看不起。人要努力将自己从“悬浮的气球”变成“脚踏实地的铅球”。慎独、克己、洞察、践行，才可以活出分量。尽管这并不容易，然而仍应将其作为自我的道德形象期望。人总是存在贪念、贪欲、贪心，需要克制，多些宽容和理解。若没有了洞察、睿智，缺少生活的艺术，没有了追求理想的智慧，就是糊涂的人、碌碌的人。若没有远见，人就容易忙而无序、忙而生怨、忙而无功。嘴上一套，行为是另外一套，言而无信，不知其可也。践行需要勇气和智慧，更要有恒心。知识分子说话有些分量，是因为话说得有道理。做人有分量，是因为有力量，这种力量来自为人真诚、做事踏实以及人格魅力。

2. 教他人学的行家里手

教学者的德性、质感和人格的力量，是使其成为一个良好教育者的基石。此外，在教育者专业发展方面，其专业信念、专业判断、专业行动这几个方面也尤为重要。

(1) 专业自信，让教师更可敬。

什么都不信，无知无畏，不畏鬼不敬神，没有了信仰，几乎混迹于无赖。同时，教育信念不应该成为某种托词，也不应该口是心非，说一套行一套是不好的。“没有人是被教会的”“没有教不会的学生，只有教不会的教师”，表面上看如此相左的观念，你相信哪个？或者你能找到两者之间的“中间道路”？

坚信、践行着的观念才是信念。前者更多强调学习者的主动性，后者强调教要对路。有专业信念，才有专业的精神家园。人辛勤地忙碌着，却诗意地栖居。

自信者，要有自信的依托。自信的建立应该有个过程——弥补不足、扬长避短。知道自己的不足，明了优势所在，想方设法发挥优势。

人是在他人的评价中成长的。人不能总是因为别人的评价而改变自己，也不能总是不屑于别人的评价——“走自己的路，让别人去说吧”，路是要自己走的；自己走路不等于不看路标，别人说的，也不全是路标。

一个专业自信的教师，在课堂上面容光鲜、神采飞扬，但不颐指气使；内容丰富、重点突出，但不面面俱到；从容大气、条理清晰，绝不手忙脚乱；善意倾听、深度挖掘，杜绝冷嘲热讽；激发思维、掌控进展，排除死气沉沉；学有所得、学有所长，减少无效劳动。

专业自信的教师让自己和学生一起享受课程、享受课堂，拥抱美丽！

(2) 专业判断，让教师更睿智①。

教育现象纷繁复杂，教育人需要一双慧眼，知道现象的由来，透过现象看到本质。教育行为是正确还是失当，教育效益是优良还是低劣，评估教育效果需要正确的判断。

第一，教育专业判断贯穿教育教学全过程。学生在课堂上调皮，有时候是想引起教师的注意，获得教师的好感；有时候是想挑战一下教师的权威，顺应一下“民意”；有时候，是想展示一下自己的“过人之处”。这时，教师应如何判断并做出专业解释和应对？教育应该是有目的的，教学应该是有目标的。教师应扪心自问，这节课结束，学生得到了什么。

第二，教师要提升教育专业判断能力。教育专业判断能力的高低，是教育专家和教学新手的分野所在。教育专业判断的过程，一是逻辑的思辨过程，二是直觉。两者均可

① 沈斌. 睿智，源自教师专业判断[N]. 中国教师报，2008-2-27.

循“博学、审问、慎思、明辨、笃行”之道得以进步。这既是为学之道，也是教师发展教育判断力的途径。笃行，可以看作解决教育教学问题的一种方法。

一般而言，人的知识越广博，思考越深入，观察能力就越敏锐，判断能力越强大，处理事务越灵活。以此类推，教师的专业知识、专业反思能力、专业判断能力和解决教育教学问题的能力之间，也应该有如上的关系。强大的专业判断能力、准确的教育专业判断和明智的教育选择，让教师睿智。

反思判断力是理论理性和实践理性之间的中介。

当教师进行了相关判断后，他需要将判断呈现出来。如何呈现？特别是在师生相互作用过程中，怎样使得教师判断的呈现更有利于学生学会学习、学会思考？谨慎地对待教育教学，呈现善意，而非“无心”“无言”的伤害。

(3) 专业行动，让教师更卓越。

教师只有通过自己的教育教学行为，才可以对学习者施加教育影响和产生教育效果。简单说就是：行动＋反思＝专业成长。教师教育行为发生前的构思、发生中的随机调整、发生后的追思和修缮及再行动，个体的独立思索、群体的社会互动等等，现在被称为教师行动研究。

教育教学进程中，要根据学生的接受和理解状况对原先的设计方案进行调整。这里需要强调灵活性。死搬教条，墨守成规，不知道机动变化的，也不是个别例子。“头痛医头，脚痛医脚”，没有整体观，不知道灵活变通，常被斥为愚蠢。课堂上演教案剧，不敢越雷池半步，是不是也是愚蠢？教学行为发生后，要关注一下教育效果，评估一下，做点“归因”分析，提出下一步的改进措施。南辕北辙，是笑话，教学无效是不是也是笑话？

二、教学者的发展

1. 教师的自我认知与管理

第一，教师是一种职业，它和其他职业一样没有高低贵贱之分，只有收入多少的差异。第二，教师是专业职业，必须经过专业培训。第三，教师是面对人的职业。是人就有情感、差异，有犯错误的时候；是人就不应该冷漠强求一致和永远正确。

教师也是人，不能将自己看作神。既然教育者和学习者都是人，“己所不欲，勿施于人”就是交往基础。教育者要学会换位思考，将自己想象成学习者，希望别人如何对你，你就要怎样对待别人，推己及人。

自我管理具有明显的普遍性、针对性和全面性。可为个体在社会生活中所面临的各种问题提供实质性的帮助，是个体最基本、最实用的综合能力。[①]

自我管理能力的组成包括：自我认识、自我评价、统筹安排、协调平衡、选择判断和有效组合。在自我认识和自我评价的基础上，恰当合理地利用自己的不同能力来有选

① 上官子木．创造力危机：中国教育现状反思[M]．上海：华东师范大学出版社，2004.

择地积累知识(显性知识和隐性知识)、组合转换知识、应用知识,以从事教育教学活动。

2. 教师的专业发展与专业成长

教师专业成长,是学生发展的保障,学校发展的推动力,教师个体实现自我价值的重要渠道之一。其目标在于建立专业自信,专业自信有三个组成部分:对教育教学岗位的胜任感、对当前工作和状态的满足感、对未来工作的方向感。这三个方面既有来自外界的评价,也有自我的检视。外在评价,特别是积极的评价有助于教师自身建立个人成长的"坐标",进而建立全面客观的自我评价。

对此,学校应当具备以下基本理念:(1) 学校应该让学生和教师都得到应有的发展——双向成才;(2) 建设一支对学生终身发展有利的教师队伍——教育之本;(3) 建设一支对学校可持续发展有利的教师队伍;(4) 改变师资培养的固有模式,强调定位、目标,针对不同教师而设计个性化培训——因材施教是教育的重要原则和追求的理想;(5) 建立有效的教师工作评价机制,创设"发现闪光点""鼓励自信心"的激励性评价——人需要有成长的坐标系统。

3. 教师的新样式和新思维①

随着科学技术的发展,哲学观念从近现代向后现代转变,从追求知识的客观性、绝对性、确定性向追求知识的"游戏性"②及意义的可解释性、多样性转变。教师做教育教学研究的方式需要转型,需要新思维。教师具有新思维的背景和必要性如下:

第一,教育教学不同于一般的自然现象,它有着深刻的人文性和人本性。教育教学过程中,多样的人带着各自丰富多彩的背景进行交流、对话。人们在这个动态的过程中相互作用、相互理解,改变着彼此对世界的认识、对世界的情感,改变了自己的心智模式、知识结构以及情感倾向。

第二,追求一般性、规律性不能替代具体教育教学过程中的特殊性和复杂性。研究教育教学可以借用自然科学的方式方法,但是不能期望用自然科学研究的方式方法来全盘替代教育教学的研究方式。

第三,教学实践是在特定的地域、文化,特定的教师和特定的学生之间形成的具体活动,人们必须追求其"合情性"。其主要方式就是特殊性、个性化和故事化。这样的教学研究就构成了一种实践性智慧。

4. 恪守教师价值

教师的日常工作是和学生打交道,要教会学生求真、向善和尚美;和学生交流、对话,发展他们的思想,养成其对人、事和物的敏锐判断力和深邃思维力,形成符合中国优良传统文化规范要求,同时又能很好地应对现代全球社会的基本生活态度和价值观念。

教师做教学研究的现实性,在于日常的切实需要,在于专业生活的现实可能,在于

---

① 沈斌. 教师做研究需要新思维[J]. 中小学教师培训,2008(6).

② [美]卡尔 · M. 卡普. 游戏,让学习成瘾[M]. 陈阵,译. 北京:机械工业出版社,2015.

积极地作用于学生实际发展的效益。这种可能性在于教师做研究——应该不是从概念范畴出发推演，而是从实际教育生活的需要、实际教学的经验以及实际面临的困难来发现问题和解决问题；不用教育教学理论的严谨性和完整性来剪裁生活，而是从现实的教育教学生活出发来增强教育教学理论的针对性和彻底性。

教师首先也必须以在教育教学中遇到的实际问题、以正在做的事情为中心。从每天面临的事情开始，需要实践品格。从人的感性、理性和灵性角度看，要基于感性，运用理性，走向灵性。从每个具体的人作为处境、历史和文化载体角度看，需要强调寻求卓越，强调新我对旧我的否定之否定。

实践品格要从小处着手：某个内容的学习上，学生学习有困难有障碍，为什么，怎么解决；某个知识点，内涵是什么，有怎样的背景，与学科的基本问题之间是怎么关联的，如何能让学生豁然开朗；一堂课，教学目标是什么，教学内容是什么，学到什么程度，通过怎样的学习活动来学，如何说明学生确实学到了那些东西，如何证明，学生学的过程是不是专注的，是不是投入的，思维层次是不是高级的；提问和活动是不是密切关注“贯穿学习生涯的关键特征”……

综上所述，可以将教师的发展归纳为——对自己的实践不断地研究、反思、重建，越来越对自己的工作有一个系统的、整体的、深刻的认识，知道怎么去做才是有意义和有效的[①]。其路径如图 2-2 所示。

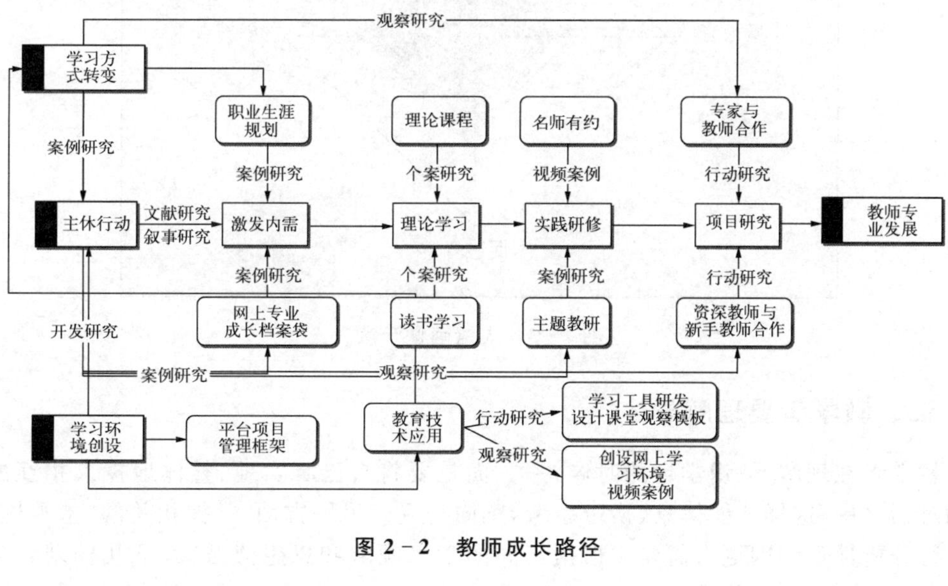

图 2-2　教师成长路径

① 乔建中. 教师教育心理学[M]. 合肥：安徽人民出版社，2015.

第二节　坚持有所助益的教育

有所助益的教育[1]，意味着帮助学生成为完整的人。助益是目的，尊重是基础。只有明智的省察，才有可能出现正确的教育，也才是有所助益的教育。教学者需要学习怜悯、同情、知足并寻求真实。

一、教学者要省察自己

教师需要对自己加以审视，认识自己。在了解自己的基础上，才能更清晰地知道如何与不同的人相处、沟通、合作与协调。

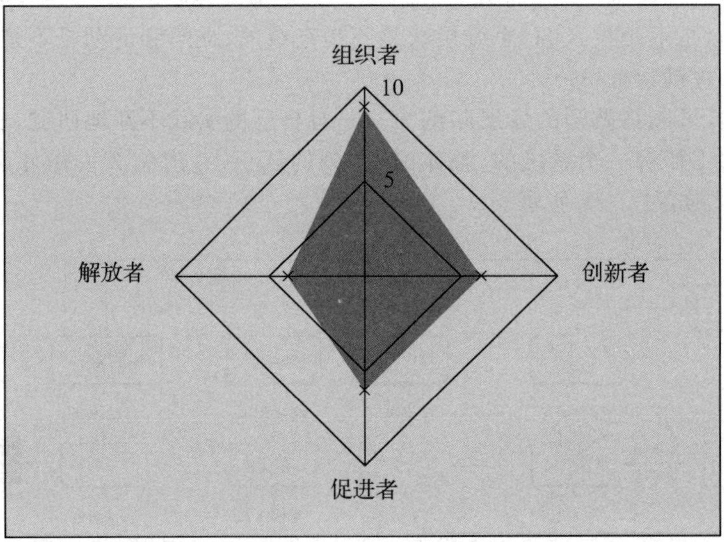

图 2－3　人格画像示意

二、教学者要理解学生

教学者在理解、认识学生的时候，一方面是要将自己真实地、整体地投入相互的交往和对话之中，这样才能体察，换位思考，感同身受。另一方面，掌握相关的“基本框架”以进行分析性理解则更为需要。根据不同的学术领域和思想流派，以下几种划分类型可以用作辨析和观察的借鉴。

① 刘庆昌．教育哲学新论[M]．北京：科学出版社，2018.

1. 传统心理学与人的气质类型

胆汁质：直率热情，精力旺盛，脾气急躁，兴奋性高，容易冲动，反应迅速，心境变化剧烈，具有外倾性。

多血质：活泼好动，反应灵敏，乐于交往，注意力容易转移，兴趣和情绪多变，缺乏持久力，具有外倾性。

黏液质：安静，稳重，沉着，反应缓慢，沉默寡言，三思而后行，情绪不容易外露，注意力稳定且比较难以转移，善于忍耐，偏内倾性。

抑郁质：情绪体验深刻，行动迟缓，具有比较高的感受性，善于觉察他人不容易注意到的细节，富于幻想，胆小孤僻，具有内倾性。

2. 韦伯的社会性发展与个性发展类型

根据一个人的社会性发展与个性发展水平，通俗说，人有以下几种层次：比较听话，又很聪明；比较听话，但不太聪明；不太听话，但是比较聪明；既不听话，也不聪明。

3. 詹姆斯·马西娅的信仰、理念与职业选择类型

过早闭合型：对教师过分依赖，对父母唯命是从。对职业或者理想信念所做的承诺未经自己的反思和比较，反映了父母或者权威人士的看法，缺乏真正的自我评价。

同一性迷失型：强烈从众，缺乏自我判断的能力。缺乏目标，缺乏信仰，在回答“我是谁”的问题时，常常采取逃避方式，对现实中的各种要求或自我发展缺乏明确的评价。在青春期结束时，往往很难在任何发展中获得进步。

同一性延缓型：开始考虑“我是谁”的问题，面临选择时往往难以做出必要的决定。他们在学校极度需要帮助，而且表现得也比较复杂。

同一性获得型：他们会比较自觉地制订明确的发展目标，而且坚持自己的理想信念，并在后续的发展中做出调整和完善。

4. R. 赖丁、S. 雷纳的认知风格①

在认知活动中，人有多样的差异，诸如，做事井然有序/毫无计划、观点平衡/倾向于极端、谨慎/冲动、口齿伶俐/木讷寡言、看到自己阅读的东西/看不到、沉静寡言/喋喋不休、交往活跃/保守内向、沉静温和/反应强烈、紧张/放松、聪明睿智/能力不足。通过思维倾向中的“分析/整体”，以及表达中的“言语/表象”两个维度，分成如下四种类型：

分析·言语型：有些拘谨和刻板，与人友好相处。做事情井然有序，宁愿自己把事情做好，而不是寻求他人的帮助。具有一致性，但是这种一致性具有消极的一面，表现为死板和固执。学习经过严格的组织和安排，喜欢以结构化的方式陈述观点，标题清晰，段落分明。言语记忆力好，能够迅速地、毫无困难地记住事实，尤其是那些以言语方式呈现的事实。尽管喜欢用图表来陈列信息，但是宁愿以言语陈述作为主要表达方式。

① [英]R. 赖丁，S. 雷纳. 认知风格与学习策略——理解学习和行为中的风格差异[M]. 庞维国，译. 上海：华东师范大学出版社，2003.

与陌生人交往有些拘束，愿意使自己与他们保持一定的距离。在工作情境中，做事有条不紊，一切尽在自己的掌握之中。

分析·表象型：在与人交往中，有些拘谨刻板。在交往中常摆出一副严酷的面孔，但这不反映他的真实感受。做事井然有序，倾向于靠自己而不是求助他人来把事情做好。学习经过周密安排，从示意图、图片中，而不是文本中学到更多东西。协作和言语简洁明快。讲话时，有些犹豫，话总是来得很自然，言语也并非总是很流畅。喜欢的典型的表达方式是图表、示意图，而不是言语陈述。在工作中，经过系统安排，宁愿自己控制情境。行为方式是一种典型的互动型，喜欢听取同事的意见，喜欢有个同伴，但是不喜欢更多的人。

整体·言语型：在交往方面，无拘无束，外向活泼。愿意与人交往，喜欢参加集体性活动，热情、开放、易于接近。尽管容易被改变，甚至可能不可靠，但是精力充沛，有时过度依赖他人的帮助。有好的言语记忆能力，能够轻松记住事实，尤其是以言语呈现的事实。没有发现图表、示意图对其学习有特殊的帮助。空间能力不太好，没有很强的地理方位感，善于表达，很少丢词落句，有时候会比较烦琐。在工作中缺乏系统的计划和安排，在活动中乐于接受别人的指导，行为积极主动，乐于帮助他人。

整体·表象型：交往方面，自然，看上去很轻松。容易相处。处事圆滑，社交意识强，讲究礼貌，乐于助人，合乎理性，尽管刻板礼貌，但是乐于交往，与人交往主动、热情。从系统组织的学习材料中获益良多，借助于图表、图片，而不是文本，其学习效果更佳。讲话时有些犹豫，言语并非总是很流畅，在可能的情况下，比较喜欢采用图表而不是言语来表达。

三、教学者观察学习表现

课堂观摩中，有一个重要的视角——观察学习者的课堂表现，进而对学习者的学习习惯、学习方法、学习品质做出判断，并据此形成教育性干预和引导的方向、策略和可执行方案。这是个别化的诊断。既可以全程录像，也可以切片式地看，并用文字记录，主要内容则是学习行为表现及其与学习任务布置之间的关系。

在课堂上，学习者怎样的表现是好的？有哪些方面需要加以综合省察？

第一，看学生在课堂的专注程度、投入程度，因为这是有效学习时间的保障。突出表现是“不分心”(持续时间的长短是表征指标)。

第二，专注状态在自制力和自主性两个方面均衡发展。自制力和自主性，是每个人都具有的“两颗种子”，只是，有的时候，前者萌芽较早(这个和我们的文化传统有关)，后者的生长就比较困难。

第三，看一个学生在执行教学指令过程中对待“立即”“照办”的坚决程度，即“不怠惰”。

第四，看一个学生如何体现出“将一件事情从头到尾做到底”的习惯——坚持性。

第五，看一个学生如何对物品加以管理，是不是将所有物品进行了有序整理和摆放，使用起来比较方便——由此，可以推测其办事、思考的“有序性”以及对“秩序”的价值、意义的理解。

第六，看学习者思维品质——把握形式逻辑的水平，即从已知到未知之间的推理、判断是否规整；能否敏锐地直观察觉已知和未知之间的关联；思维的收敛性和发散性之间的平衡状态；尝试追问“是谁的观点”。当学习者遇到困难或者障碍的时候，推测产生的原因——知识缺陷，技能生疏还是思维歧路。

第七，看学习者是否能倾听多方声音——教师的，同学的。倾听是尊重的体现，是合作性的开始。

第八，看学习者是否表现出与同伴合作的意向。进而，还可以观察在同伴合作中的角色差异——领导者、促进者、跟随者。

学习者的课堂表现不良，原因往往是多方面的：学习信念的缺失、学习动力的弱化（主要是目标意识的不明确）、学习干扰（一是其他方面对他而言更有吸引力，如游戏、课外书籍；二是营养保障程度不够，饥饿状态、营养不平衡；三是休息未能得到保障）、学习信心不足、学习方法不科学等。

其实，以上观察，不仅仅可以在课堂上进行，在其他任何一个正规的学习场合，甚至玩耍的场合，都可以进行。观察，表现出了教师的关心方向；系统的观察则是表现出了教师的爱心守护；有思考的系统观察和想方设法的改进，则是基于爱心的智慧，而不是无爱心的耍心眼。

表 2－1　优异表现引人瞩目——对九年级 2 班徐心恬同学的访谈以及后续思考

录音整理	S的后续思考
注 1：以下的对话根据录音整理。其中 S 代表沈斌，X 代表徐心恬同学。 S：昨天和今天，我在你们班一共听了四节课。在观摩这四节课的过程中，主要目的不是查看教师在怎么授课，而是看同学们是在怎么听课的，有怎样的听课状态，呈现了怎样的精神面貌，特别是表现为怎样的学习形态和学习方式。听课当中，你留给我的印象比较深刻，我注意到了一些现象，也作了一些记录，而这种现象所体现的品质，恰恰是我所认为的学习过程中要特别珍惜的品质。所以，今天请你来谈谈，试图做些“透过现象寻找事实”的事情。首先我需要确认我的几个判断。根据你的学习表现，我尝试进行综合判断：你比较安静、遇事冷静。下面我说一些我所观察的现象，你看是否吻合。而且我特别需要确认一些我所推测的东西。	这是一次有预谋却不是缜密计划中的谈话。 我们一直试图寻找“每个教室里的榜样”。事实上，每个教室里都确实存在榜样。只是，这样的榜样需要去发现，去挖掘榜样的内涵在哪里，并深刻地昭示榜样可以给予其他人的真正意义上的示范是在哪个方面。 很感谢这些孩子给予观察者的现象和可能初步得出的审慎的结论。 在课堂学习这个自然状态中——我特别庆幸的是，常外没有在每个教室里安装摄像头，也因此而保持了教室学习的自然状态，我们得以有机会介入真正的、自然的课堂。每个教室保持了最本真的自然交往和对话（教学性和社会性两个方面）的状况，这是值得珍惜的。

续表

录音整理	S的后续思考
S:在你座位下方,有排列很整齐的一套文件夹,我想那里面可能是讲义,而且还进行了"分门别类"。 X:是的,一是讲义,二是我作为课代表要记录和分析的同学们的学科作业方面的情况。 S:我看到你抽屉里放的是汉语词典、英语词典;书袋里放的则是课本,而且它们被摆放得很整齐;课桌上摆放着每堂课所需的上课必备的东西(课本、学习方案)与草稿本。草稿本通用吗? X:是的,草稿本主要是数、理、化上课所需要的。 S:数、理、化?其他科目不需要草稿本? X:对。 S:我还注意到,你一边听一边在写着什么。当然其他同学也在做这样的事情。但是根据我的初步比较,与其他同学相比,你的字写得清晰而且端正。尤其是化学课中,王老师说了一句话,你记下来了,说的是如何准确读出试管中氢气的体积的读数,必须将D试管向下移动,使得两个试管的液面相平,才可以准确读出。是吗? X:老师,我只是记录下我认为重要的东西,倒没有注意其他同学是怎么记笔记的。 S:是的,经过我的观察并形成初步印象后,我有一些想法,所以请张老师(班主任)和你联系,在这段时间与你交流。短暂的交流(10分钟之内吧)是否可以从你对自己的评价开始? X:好的(露出羞涩的微笑)。 S:我很想知道,你是怎么对自己进行评价的? X:(脸上依然是很平和的微笑)这个,我想想,似乎有点难以说清楚呢。 S:这么说吧,我认为根据你课堂上的表现,可以这么说——安静、笃定。 X;是吗?我自己倒没有注意到。我大概不是每堂课上都很活跃的那种吧。 S:总体来讲,你有些"喜怒不形于色"呢。即使是微笑,也不是很多。譬如,我注意到你在化学课上笑了两次,其他课堂上则基本没笑,是吧?为什么是这样一种状态呢? X:(用眼神进行交流)表示肯定。	最初引发我想与这个孩子进行交谈,或者说进行一次非正规访谈的动机,就来自这个孩子记笔记的方式。她的课堂表现,或许不是"最活跃的""最抢眼的",但在仔细观察以后,我认为她是最有内涵、最有品质的一个。 课堂笔记,很多人在做,但是,他们似乎很少得到最细致、最具有针对性的指导。省中黄超然同学也好,田聃也好,我很庆幸的是,他们发言稿、课堂笔记(田的"私生活")曾经进入我的视线,并获得我那"鼓励性"的评语。或许,在若干年之后,他们愿意回忆起,自己曾获得了我怎样的评语(我曾对田说,你的"私生活"可以在若干年后出版呢——大概是个"圈套")。 一次结构化的交流,能挖掘的东西有限,但是有结构的访谈至少可以获得所期望的东西。我不能说,这个"安静和笃定"是最好的,但是,这种状态其实与每个人天生的禀赋是相关的。有时候,并不需要去改变它,只需要顺势拓展、顺势提升、顺势深入即可。教师不是上帝,但是会给孩子的日常学习生活带来或苦痛,或喜悦,或热情澎湃的体验。 一个人的表现,既有他所属文化(民族)的烙印,也有其家庭的痕迹。家庭教育、学校教育、自我教育,一定是需要"三位一体"的。或许,这是一个"圈套"?!我更愿意它是引导人们深入思考"我是谁"的问题。有些时候,学习方法就是没有方法。这个观点我是认同的。尤其是当一个人不是"真的想学习",却又试图寻找学习捷径的时候,这样的"棒喝"尤其必要! 一些习惯,一些良好习惯的养成,一定有"关键事件"在起作用。问题是,在人的成长中,如何细致地去梳理那些可能成为关键事件的事件,并努力去创造。 若是如此,我们才可以理直气壮地说自己"在从事真正的教育","在教育持续发生的地方,从事着教育的工作"。

续表

录音整理	S的后续思考
S:你看,我觉得你这几节课的表现可以用“安静”来概括,你同意吗?我很想知道,你现有的一种状态,或者说这样一种个性,是否和你的家庭有关系呢? X:大概是吧,我自己没有总结过呢。 S:为什么是这样一种状态?我觉得可以去尝试找找原因。我想每个人现在的样子,一定有历史的,你觉得呢? X:是的,我会尝试去找找。 S:好的。这是我想询问的一个问题。还有一个,刚才我前面说的什么时候听讲,什么时候记笔记。我注意到,你不仅安静,而且非常专注——比如,没有打哈欠,没有走神,打瞌睡什么的就更没有了。这样一种听课习惯与物品整理的方式,你回忆一下,是从什么时候开始的。 X:大概从七年级开始吧!因为那时候,我开始做课代表了。我需要分门别类,我需要处理好很多方面的事情,从那时候开始,我养成了这样的习惯。 S:七年级开始,那时作业还不太多呢,不过作为课代表,养成个好习惯倒是不错的。 X:对! S:家里父亲和母亲对你的学习成绩期望高吗? X:爸爸妈妈对我的考试成绩不作要求,但是我知道他们对我期望还是很高的。 S:我理解,这种期望是能感受到,但没直接说出来的,是吗? X:我想是的。有时候老师和爸爸妈妈的期望,并不需要说出来,至少我个人是可以感受到的。 S:我很想知道,你对你现在的状态和它的副产品——学习成绩,成绩一定是学习状态的副产品,这不是直接去追求的东西,你觉得还满意吗? X:还可以(呈现了开心的微笑,以及一种舒心的状态)。 S:关于“还可以”,我觉得你说的,和其他同学说的“还可以”是不一样的,你认为主要原因在哪里呢? X:因为成绩包括作业反馈都很清楚,整个的情况比较稳定,所以也就比较安定了。	教育者对学习者如何传递期望?皮格马利翁效应几乎是被人们说烂了的现象。它存在,它又如何被妥善地加以利用呢?这是个问题。教学目标大概也是如此,不一定直白地告知,只要教师有明确的意识,一定能够被学习者感知到。 一直固执地以为学业成绩仅仅是学习过程和学习状态的副产品。 很多孩子在被问及学习怎么样的时候,常常说“还可以”。这不能说是孩子的敷衍,但事实上反映了现在我们对学习的阶段性结果(状态)的评估、反馈、建议、忠告上存在的手段单一、方法简单粗暴的弊端。 “还可以”,有的是肯定、坚持和自信的表现;有的是敷衍、躲避和托词。语意,要从对表情、言辞的综合判断上获得。 我个人会这么想,常外的优秀学子进入省常中的学习,可以是基于竞争的优势地位,也可以是顺势而为,但最为可贵的是因为理性分析基础上的、信息资源占有很充分基础上的综合决策。 不知道常外的孩子能否理解,我会从年级成绩最好的孩子开始进行“批评”的言谈和行为。不理解的人会以为我“矫情”吧。不过,在这样一个几乎可以被称为“标准对照”的考试——中考中,我到目前为止还没有发现“满分者”。虽然这个“满分”放在更久远的时间尺度中,意义不大,但是对他们现阶段而言,是有价值的,也是有意义的,至少可以成为最切实、最具有引领价值的“目标”。而所谓的排名,只有比较和对照的意义,并不构成真正意义上的目标。 “中考,没有难题,少犯错误多得分。”6月18日的宣称,不知道他们是否还记得。 每个孩子在学习的不同阶段,能力水准是不同的,在现有这个阶段,需要他们有综合运用知识的能力确实“过分”了点。不过,上天让他们的天资禀赋那么优秀,师长如果不严格点,标准不高点,那就有点“暴殄天物”了——这正如麦家所说的“向着天分努力”。

续表

录音整理	S的后续思考
S:短期内,你对自己有什么预期吗? X:目标? S:对! X:最短期的就是期末考试和中考目标了,比如省常中。 S:哦,很好。为什么是省常中呢,不可以是其他?省常中能给予你的是什么?或者说,你选择省常中,是因为这个学校能给予你不同的东西吗? X:或许是吧,不过,我为什么不能选择省常中呢?似乎我不需要有其他的选择呢。 S:嗯,好的。据我了解,你的学业成绩不是年级第一。 X:不是,不是,我还没有获得过成绩方面的年级第一呢。 S:你与年级第一的人熟悉吗? X:在教改班,我想应该是在教改班。 S:你觉得自己比他差多少分? X:有时很大,有时五六分吧。 S:五六分有差距吗,你得过第一吗? X:大概没有什么特别的差异吧,不过我确实没有得过年级第一的成绩。 S:我想,你是可以得的。你与他没有什么大的差距,你同意吗? X:我想可能还是有的。比如考试时,从考分上看,我看他们的分数,就知道,他们在不该错的地方就肯定不会错的。 S:很有意思,难道有"可以错的试题"吗? X:是啊,他基础知识扎实,不该错的就不错。特别仔细认真呢。 S:对了,即使是年级第一,他也有做错题的时候,你怎么知道那是该错的,还是不该错的呢? X:嗯,是吧。不过有时候,真的觉得或许不该错呢。 S:对了,我查看了你的学业成绩,你在班上学习成绩还是比较优秀的。借今天这个机会,如果你可以给出建议的话,你想给你的同学一些怎样的建议呢?	"细节重要"或者"规范重要",但这都是概括性的说辞。不属于"彪悍句式"。语词的"张力"不够,不能引发人的深度思考。 在孩子的这个阶段,他们愿意其他人认定自己是聪明的而不一定是勤奋和刻苦的。尽管我会说,聪明并不足够可靠。但对于他们而言,大概属于"忠言逆耳"的范畴吧。 "有的是时间",问题是,我们如何管理时间。有的人将自己毫无管理可言地浪费时间看成是"时间是天底下最可以浪费的东西"的宣称——"有的是时间"。一个语句的背后,意义最为重要!

续表

<table>
<tr><th>录音整理</th><th>S的后续思考</th></tr>
<tr><td>X:学习自觉,还有习惯。我觉得我和您刚才所说的,我和第一名之间大概还有细节把握上的差异。他们从不会在细节上犯错。细节很重要!
S:这是个很好的建议!有的同学可能会这样说,徐同学的成绩经常排在我前面,我考来考去老是这样,怎么总上不去呢?而且我还需要为唱歌、跳舞、游戏、睡懒觉腾出点时间。当然,看看自己的偶像明星最近发生了点什么事情,寻找个机会和他接触,那是最好的。
X:那啊,有的是时间!
S:谢谢你愿意和我交谈!我想征询你的意见,谈话已经进行了录音,你认为是否可以公开?
X:公开?在什么范围呢?
S:比如,是否可以告知你的父母?是否可以将它在你的同学中公开?
X:行。既然您说到公开,那么我想补充一条给同学的建议:如果你确认自己真的想学,那么就不要去参加什么补习班。
S:好的。回头我将把谈话的录音给你。
注2:谈话持续了8分钟。</td><td></td></tr>
<tr><td colspan="2">后记:
无论是什么范围内的公开,都应征询当事双方的同意,这是专业伦理的准则之一。我同时也期望,这样的公开对这个特定的孩子而言,是有意义的,对其他人也是有借鉴意义的。若非如此,这样的公开就显得不够谨慎,有些功利,有些急躁。
如果,你曾经细致地阅读了以上文字,在今后的教育生活中,更愿意去观察,更愿意去深入地体验,更愿意在教育者、学习者两个角度变换立场思考问题,那,这就是这一段访谈所带来的最重要的影响了。
优异表现是种现象。回到现象本身,让现象自身说话。后续思考是阐释,希望它不是夸张的和虚妄的。优异表现构成了事实本身,学业成绩只是个副产品。在教育持续发生的地方,不断地观察,深入地体会,努力地反思,审慎地判断,坚决地行动。我们持续精进。</td></tr>
</table>

四、教学者善意评价学习

所谓善意地评价学习,一是出发点和归宿在于呵护成长,二是确立恰当的程序和方法,三是谨守合适的"边界"。

1. 教育影响力源泉所在:发现闪光点,鼓励自信心

教师需要对学习者的学习进行管理,促进学习者热情和认真地从事学习,帮助学习者主动、探究与合作地学习,指导学习者在学习过程中树立多元切实的学习目标,综合运用多种信息加工策略，灵活运用合时合势的多样表达手段，尝试和感悟多项思维方法，采用切实有效的记忆技巧，形成丰富的学习成果。如何做到？无论是观念系统的优化，还是目标系统的形成，抑或是策略的洞察，甚至对人格的影响，均是可以尝试的。

当前，学习评价的一个基本理念是“发现闪光点和鼓励自信心”，这既是先进的观念，也是切实的目标，还是一种有效的策略，更可以看成教师人格的折射。

从观念来看，教学是人际的互动，而良好的人际互动就在于彼此发现、相互促进，更在于激励、支持，进而达到理解和默契。同时，作为观念，这还是人本的，表现形式也是简约的。另外，从观点系统角度看，这个方面还可以继续发问。过去，总是强调“严格要求”，这并没有错，但是换成“发现闪光点和鼓励自信心”，是不是一种打破陈规呢？

从目标来看，如果一个人身上充满闪光点，而且有着自信，这难道不是一件幸事吗？自信源于实力，来自底气，也是大气的表现，自信的人优雅而且从容，自信的人往往更容易坚韧不拔，更容易超越自我，去审视自己的经历，而不会寄希望于所谓的超过他人。

从策略角度看，自信心的建立，需要责任感，即社会责任、家庭责任以及个体责任的承担，更需要认识自我，而认识自我的诸多方面中，在行为和表现中，闪光点是比较容易做到的。同时，若每个人一方面发现自己的闪光点，另一方面也发现别人的闪光点，那么这样的人际关系是彼此宽容的，也是相互尊重的；既是平等的，也是有利于自由的。从策略角度看，发现闪光点将更有利于人们所珍惜的自信心的建立，是真正的鼓励自信心的途径。

从人格角度看，一个教师的人格中，有着更多的宽容、尊重、平等、祥和、严谨、民主、自由的内容和成分，将有利于摆脱“怨妇”的形象，从而建立起“阳光”的形象。

“天下难事，必作于易；天下大事，必作于细。”

以下罗列若干可以从“细节”“小处”着手的方面：一是为了“开始”，二是为了“打开思路”，三是为了“思源于问”，四是为了“简约”，五是为了“打破陈规”，六是为了“寻求创新”，七是为了“周全思考”，八是为了“关键行动”。同时，要说明的是，以下叙述，并不仅仅是描述性的，为了“去做”，则可能更多地采用规定性的方式。

第一，在课堂上，不让任何一个人因一次发言失败而失去在本节课得到“弥补”和“更优表现”的机会。课堂上师生间互动的重要形式之一是提问、回答和理答，这里同时说到的是提问机会的分配问题。

第二，当学生发言以后，如果与科学家的研究成果、思路、方法有相似的地方，一定要告诉班级上所有的人。这是理答中保护“首创精神”的具体表现。

第三，尽一切可能、尽可能长时间地记得，某同学曾经在某个内容的学习过程中有创意、独特的贡献，并在下次涉及该内容的时候，旧话重提。

第四，周期性地对班级所有成员的课堂表现进行总结和提升。可以是在每节课的开始对上一节课的学习表现进行点评，以唤醒学生自信；也可以是在一节课的结束，对本节课学生的学习表现进行总结，以鼓励闪光点的保持。

第五，绝不吝啬表扬之词。只是，表扬一定要通过对具体细节的挖掘而来，减少概括性的说法，如“很好”“很棒”等。即使是说“很好”“很棒”也一定要用多样的语气说出，并能在这些概括性词语抛出之后，观察到学生脸上表情的变化。若没有表情变化，教师一定追加说辞，直到其表情产生变化为止。

第六，如果一个发言是不够完善的，教师可以转述，并征求发言者的同意，即转述是否忠实于其本意，最终，将转述后的成果归功于该生。若是可以，在转述结束时，征询该生，是否有新的补充。因为在教师转述过程中，所有人一定一方面试图发现教师转述与原作者发言的异同，另一方面，由于听的时候至少有70%的时间可以用于思考，即可能生发出更多的精彩观点和思想。同时，这也是养成倾听习惯的一种技巧。

第七，可以放弃让所有人在同样的时间内达到最高标准的想法，但一定要关注班级上哪怕有一个人达到最高标准的情况，要对这种情形予以公开表扬。比如，教学中一定会有一些“号召性”的要求，一定有一些“开放性”作业，因此，这种“公开表扬”就是对学习行为本身的奖赏。

第八，从一定意义上讲，好分数自身是不值得表扬的，但是，好分数背后的东西，即导致好分数的日常表现，是值得持续地、大张旗鼓地表扬的。

第九，分享明晰的、教师坚信的“好的学习表现”的标准，并让这种“对好的学习表现的奖赏”规则逐渐被每个人接受。不忌于公开自己的标准，不惮于坚决执行规则。

第十，鼓励每个学生在表达自己观点的时候能“周全地思考”“清晰地表达”“谦恭地邀请批评”“有限地修正”。

2. 学习过程管理：指引方向、敦促努力、标准清晰

下面以平时成绩的生成规则为例，说明日常学习过程管理中的“严格有序”。

平时成绩是对学生日常学习表现进行量化表达的基本方式。为此，日常学习行为方面的价值需要明确，思想需要清晰，方向需要引导，同时，为便于记录，就需要有方便、易懂的规则。

第一，学习上，既包括全体同学均需要完成的巩固性作业、预习性思考，也有一些学习任务富含高阶思维含量，这些学习任务主要是用来证明所学、运用所学的。

第二，选择性任务完成，需要通过加分的方式来进行记录。这里，包括综合性任务，也包括提出有价值的思考性问题和精彩的回答。综合性任务，可以包括研究性学习、综合性讲解等。有创意的研究性学习，可以赋分20分；每完成一次综合性讲解，可以给予10分；根据提出问题的价值，可以分别给予3、2、1不等的分数；根据回答问题的完整性、缜密性和灵活性可以分别给予3、2、1不等的分数。

第三，巩固性作业，这是全体同学均需做到的。可以通过减分的方式来对收缴情况进行记录，迟交一次扣2分，缺交一次扣5分；可以通过加分的方式对作业的正确率进行记录，分别为加1分和不加分。

第四，在日常的学习过程中，有效地整理笔记也是需要的。可以在学期结束时检查或者以阶段性检查的方式，对完成得详细、周全的笔记（思维导图）通过加分给予评价。

开始尝试做，若能看到积极的反应，就坚持用。

五、教学者导引学习深入

1. “深度学习”的几个特征

学习，一定要学习者自己发动，才能真正地展开和深入。可以将牛牵到河边，但是不能强迫牛喝水，这是其一。其二，学习者发动的学习，意味着学习成为主动获取、自主建构的过程，也意味着学习成为每个人修炼、成长的历程和方式。从一定意义上讲，学习当首先从纯净智力和纯净情感开始，这种“纯净”一是消解学习的障碍和不良情绪，更重要的则是“主动性”的张扬。其三，学习者发动的学习，有待走向深入。这种深入应该有这样几个含义：系统性、基础性、思维性、效率性和方向性。①

系统性，是指在基础教育阶段，学生所构建的知识必须是系统的。这种系统，不是学科专家的系统，也不是以科学系统为“手段”的系统，而应该是从心理逻辑上的系统开始，追求在心理逻辑的系统性的基础上走向其与学科逻辑的完美一致。

基础性，是指学习的内容应该是整个文化传承中最核心和最本质的内容。这种核心和本质，一是取“纲举目张”之效，二是“迁移性”强，追求“概括性”。无论是从具体始，还是从“框架”始，一定要走向抽象的具体。

思维性，是指教学无论是在知识掌握还是在技能娴熟以及能力提升上，要紧紧扣住思维品质的提高以及思想的形成。需要将单纯的知识掌握转移到因为需要运用知识而掌握知识层面上去。同时，将对知识的灵活运用的奖赏变为对知识本身的拓展和深化。技能，意味着获取信息、建构知识的一般程序和方法。特别需要将“知识、方法和情意”理解为一个整体，所谓“方以智，圆以适”。运用知识和一般的程序、方法对外解决问题，是外显的能力。这个外显的能力，往往取决于心智模式的演进。从能力培养角度看，由内而外，由外推内，将是一个重要途径。

效率性，是指在规定时间、规定内容上，保证全体学生达到规定的程度和目标。为此，基于课程标准的教学是必须的。需要在重点把握、难点突破上努力做到：围绕重点，深入浅出，而不是单纯追求高深的专业讲解，使得内容过难，教学任务过于繁重。

方向性，是指对“学什么、学到什么程度、如何更好地学”的整体把握，而不是漫无目的、随意的拓展和深化。同时，在这个过程中，需要将学习兴趣、学习习惯和一般的学习方法贯穿始终，并且取螺旋上升之效。

---

① [美]M. 戴维·梅里尔. 首要教学原理[M]. 盛群力，钟丽佳，等译. 福州：福建教育出版社，2016.

2. 促进深度学习的方法

怎样构建一个促进学习者发动的学习走向深入的方法体系？重要的是尊重学的过程和方法选择。呵护学生对学问的兴趣和热情，让学习变得愉快并充满生机，如何为之？尊重学习者的学习过程是重要策略。这也可以看作是尊重学生的一个具体体现，还可以看成是教师文化中“尊重”的表达方式之一。这个学习过程包括：学习的起点、学的节奏、学的偏好方式、学中的方法体验、学中的情感体验以及习得的结果。

（1）尊重学生的学。尊重学习的起点。一是通过科学方法查明（检测或者是询问），二是调用教学者当初的学习经验，三是归纳和梳理学习过程中常见的“起点障碍”。尊重学习的起点在于“不放弃”。尊重学习的节奏。有的人在学习中的某一环节学得快些，而可能在其他环节就学得慢些。同步学习中最难兼顾的就是学习的节奏。书院的“讲于堂，习于斋”大概可以略加兼顾这个节奏：“讲于堂”是学，是同步学习；“习于斋”是习，是异步学习。这个异步学习，更加尊重了学习者的“悟”，尊重学习的节奏在于“不抛弃”，尊重学的偏好方式。从接受信息角度看，有的人偏好听，有的人偏好看，有差异。启示是：多样呈现信息，让学习者能各取所需。从信息加工的角度看，有的人从宏观到微观，有的人从微观到宏观，均可。启示是：让他们选择自己喜欢的方式。尊重学的偏好方式，在于把握好“多元”。尊重学中的方法体验。这里的方法，主要是指学科的核心思想所关注的学习方法，这种方法的学习、掌握和使用还会养成一个学科所具有的特别视角。尊重学习者对这些方法的体验，尤其是入门的时候要“更慢些”“更细致些”。尊重学中的方法体验在于“润物细无声”。尊重学中的情感体验。学习中会伴随着紧张、百思不得其解式的“郁闷”、恍然大悟式的“释然”和“会心”。尊重学中的情感体验，还在于“善解人意”和“同呼吸共命运”。尊重习得结果。每一阶段的习得结果应该是下一阶段的学习起点，同样需要尊重，如此循环往复，螺旋上升。尊重，意味着宽容、期待、等待、多元理解，意味着温暖、呵护，还意味着小心翼翼。只有尊重学的过程的诸多方面，教学才能如同涓涓细流，自然顺遂，才能如和风细雨、和煦阳光而非疾风暴雨、烈日曝晒般让花儿过早凋零。

（2）鼓励集中精力。无论是知识探究还是意义建构，离开了每个学生自己的主动都是“牛不喝水强按头”。这种主动，可以是学习本身所带来的乐趣，也可以是外在的激励和诱导。但是，让每个人体会到自身的主体地位，而减少和避免使用“控制”的手法应该更好。因此，一段时间里，哪怕是阶段性测试和任务，也有必要让学生运用检测来帮助自己检验学习成果并收获信心以及内心平和而醇厚的愉悦。

需要对一段时间的整体进行匡算，需要明晰这个阶段的学习任务，明确学习的外显“成果”，强化基本学习方法的指导，设计系列引导性问题，推荐基本的学习程序，督促检查每个细小的学习进步并进行个性化的反馈。

（3）提供差异指导。如果将学习比作登山，则：高中阶段，在一所学校，意味着学生已经具有若干年的登山体验。过去，他们或许比大多数同龄人走得更快，也在过去的年代中，登上过一座座山峰。

即使对于到达看风景绝佳处的新的山峰没有疑议，在登临山峰的过程中还是会出现不同的情况：

有一部分人并不需要太多的指点和帮助，教学者只要指明将要登临的山峰在哪里，并对这一部分人说："你们先去吧，那里风景绝佳；如果当你登临以后，可以看到更远处，并且还有足够的能力，那么，在那里，有高人指点，并告之（或自己发现）新的山峰，新的风景绝佳处在哪里。"这部分人将充分地感受自觉，独立地选择路径；在登山的过程中，只需对走在前头的他们遥遥地致意、挥手，用充满微笑的表情给予鼓励。

有一部分人，需要带领。即需要教师细致地就登山过程中的路径选择、工具准备、心态调整等方面进行嘱咐、指点、鼓励与喝彩。教师与这部分人时刻在一起，并因为这种在一起而建立起足够的信任和彼此的愉悦、欣赏。

在被带领的这一部分人中，同时存在一些人，他们由于曾经的懈怠或走过弯路消耗了体力而导致体力不支，这些人需要教师进行扶助：在行进过程中，持续地观察、用心地呵护、充分地交流，或者鼓励他们主动提出需求，或者直接提供帮助。这种帮助包括：明确地指出方向，细致地筛选路径，提供一部分辅助工具。这个扶助的过程，需要维持到他们能迅速地融入一起行进的队伍。这个行进的队伍中，并不总是特定的人掉队，教师需要密切关注哪些人有掉队的迹象，哪些人正处于掉队的过程中。

在被带领的这一部分人中，也会有一部分人，在行进中因为充分的体验、深刻的感受，当走到一个略高处时，看到了即将登临的山峰，并豁然开朗。此刻，也可以采用与对待第一部分人一样的方式，让其勇敢前进。

持续地指向、带领与扶助，队伍将拉得很长，但是，即使是队伍中的最后一个人，他依然充满信心和期望。

综上所述，如何促进学习者发动的学习走向深入？从基本策略上讲，可以包括：

第一，在基本学习过程中，有所调查，重视研究，讲究思辨，倡导反思，理性质疑和积极批判。在学习的发生过程中，各种潜在的学习品质和思维方式均是共存的，欣赏什么、鼓励什么、倡导什么，就反映了教师的教育价值观。这里，教育信仰的成分必须要有。从这个意义上讲，教育的力量主要在于评价！在言传这个范畴内，教师可以动用的、几乎全部的力量在于评价，以及以评价为基本力量的引导。当然，在学习环境的建设、学习载体的设计、学习活动的策划和组织上，教师的身体力行就发挥着"示范者"的作用。言语指导也好，身体力行也罢，率先垂范，道出了为师者的行为示范本质。

第二，学习中的原创性发现和文化阐释的均衡。尽管说，基础教育阶段的学习主要是接受，教学方式也主要是启发性讲授，然而，即使在这种学习过程中，每个个体的原创性学习，特别是可喜的发散性思维仍需得到尊重和小心呵护。而且，这种初始的发散，有待于通过"反思"走向适度的"收敛"，进而演进到更高层面的"发散"。

第三，养成学习者在人格上的独立，而不是养成他们的"依附"和"盲从"。只有真正地成为享权力、尽义务、有教养、善反省的勇敢的理性责任主体，陈寅恪先生在 1929 年提出的“独立之精神，自由之思想”的公民才能被培养出来。

具体来讲包括：

第一，提供让学生主动提问的机会。这种机会，可以集中地作为课堂学习的一个环节，也可以弥漫在整个学习过程中。

第二，鼓励思考，哪怕学生的思考是片面的，是“钻牛角尖”的。允许、尊重学生自己的思维方式和方向；呵护大胆暴露思维过程的行为和举动，不轻易地下结论，尤其是当学生提出似乎是“愚蠢”的问题的时候，不要“哈哈”一笑对待，而是倾听、追问，并帮助他完整地表达真实的想法。教师要努力挖掘其中的合理成分、理性成分和逻辑关联。

第三，鼓励相互倾听。当一个学生来提问的时候，他其实是有所思考的，而且那种思考中是蕴涵着获得答案的合理成分的。为此，教师需要倾听，并略加点拨就可以了。是的，即使学生提问，也并不意味着教师直接解题。因为，最终的目的不是向学生证明教师会解题，而是要帮助学生学会解决问题。

第四，提供尽可能多的时间和空间，让学习者自己表达。比如解题的过程、理解教材知识的过程，等等。

第五，努力让做题成为一个“我尝试，我成功，我高兴；我尝试，哪怕失败，我依然不气馁，我将寻求问题的症结所在”的过程。

最重要的是，教师的角色定位应该是学生学习的促进者和帮助者，而不是试图包办和替代学习者的学习。那是包办不了的，更是不能替代的。

六、教学者助力学有困难

学困生，顾名思义，就是一段时间以来，在学习上持续遭遇困难，凭其自身之能、识、情难以解决，处于“困窘”“困顿”“困惑”“茫然”“放弃”“逃避”“抱怨”状态之中的学习者。由此观之，则学有困难的含义有三：持续困难，无法自助，转而逃遁。

1. 学困生研究的必要性和意义

有必要区分一般意义上的学习困难、障碍和学困生的学习困难。可以说，任何学习者均会遭遇一般意义上的学习困难和学习障碍。由于学习自身具有的持续性，先前的学习内容往往是后续学习的基础，倘若特定的学习者遭遇学习上的困难，而且很长时间未能得到解决，将使得他在后续学习上遭遇更多的困难。通常情况下，这些现象并不会引起学习者及其周围重要他人（教师、监护人）的足够重视，甚至认为仅仅是暂时状况，但是，一旦进行相关的诊断，尤其是横向比较的时候，这种学习上累积的困难将得以暴露和揭示。此时，若学习者自我调整，或者在他人的帮助下，化“压力”为“动力”，积极寻求改善的途径和方法，并使得问题得以解决，就不会出现所谓学困生。非常遗憾的是，一个群体中，总可能会有一部分人，因为这样或者那样的原因，或者是懈怠，或者是对特定课程的不适应，在一次次的横向比较中，在一次次问题被暴露且被忽略了的情况下，时日久了，学习勇气渐被消磨，学习动力渐被削弱，以至演变为学习信心缺乏、学习怠惰、学风涣散，进而表现为“自我放逐”。[①]

这里需要强调的是，横向比较式的学习评价自身并不是学困生产生的根源，其评价结果的不恰当解释和使用，才可能成为产生学困生的诱因之一，或者，充其量，它只是一种催化剂而已。

倘若能在以上“学困生”的操作性定义上取得一致，则首先需要关注的两点是：

学困生，是个一般的话题，还是需要研究的课题？如果将学困生的产生归结为横向评价，将学困生仅界定为“后进生”或者“考试成绩落后者”，则只要有横向比较，一个群体中总是会有“左中右”，那学困生就是个话题，而不是研究课题。这个话题即使能聚焦特定的对象，但是终究不能成为研究的对象。甚而，将消解学困生的方法移到横向比较式的评价上，那就更为危险，无异于“掩耳盗铃”，反而遮蔽了问题。

学困生的研究，有怎样的意义？学困生的产生是由于持续的学习困难，其过程性表现是学习怠惰，其终结性表现是学业失败。一个个体学习者的学业失败，在学校这个机构中，可能仅仅表现为看起来微不足道的一个百分比数值，但是对于家庭而言就是百分百，对于学习者自身则是错过了人生发展的“黄金期”，并在心中烙上一个难以磨灭的不良印记。如此，在学校、家庭、学习者三方层面上具有不同的意义。学校存在的唯一理由是学习者的需求，从这个责任和使命出发，学校有必要、有责任、有义务去寻求解决的办法。对于家庭而言，毋庸讳言，社会的竞争已经转而表现在学业竞争上，一个家庭的幸福，很大程度上寄托在、依赖于孩子的学业成就。绝大多数家长是重视孩子的学业的，但是由于对教育问题的看法、认识上的误区以及专业知识的缺乏，他们往往将学习问题的解决简单地交付于学校这个专门机构。对于学习者而言，学困，是自知但无法自助的，他们处于柔弱的抗争、无助的挣扎、无望的逃遁之中，可怜可叹。教育者，包括学校教育者、家长有必要成为“守望者”。守望者并不是全程监督，而是在学习者人生重要的转折点上，站在悬崖边，对那些奔向悬崖的孩子大声说：“孩子，请站住。”

学困生的研究要基于教育现场。教育是实践的艺术，在教育现场，活在当下，为着未来，是教育行动研究者非常重要的品质。教学者拥有真正发生教育的场所，有肥沃的教育研究土壤，同时需要强化研究的意识、掌握研究的方法并遵循研究的规范，可以选择教育个案研究。

在采取教育行动之前，需要进行审慎的思考。有教育思考框架，这是教育理论的力量；通过教育理论这一把筛子，筛选出有价值、有意义、值得做的教育方法、教育行动方向。

在采取教育行动之前，需要进行严格的经验回顾。教育经验，在教育行动中会天然地发生作用，但是，它的作用将是“双刃”的，既可能是洞察，也可能是遮蔽。

---

① 王振宏. 中小学生厌学心理形成的原因及其克服策略[M]. 西安：陕西师范大学出版总社，2015.

在教育行动中和行动后，持续地思考，发展教师自己的批判教育学。既可以发挥教育影响力，也是教师专业成就、专业发展、专业幸福的所在。

2. 甄别学困生，实施教育性干预

在价值和方向思量的基础上，有必要进入相关研究工作的程序性思考：

在一个群体中，如何甄别出学困生？第一，从操作定义出发，衍生出甄别的基本标准：一个阶段的学业失败，一个阶段的学习怠惰，一个阶段的学习专注度不够，一个阶段的学习信心缺乏，一个阶段的学习品质降低。第二，只有给予群体学习者中的每一个个体以足够的关注，才有发现的可能性，所以在标准明晰的基础上，教师需要认真观察每个活生生的个体，尝试去解释，并找到原因。第三，在共享明晰标准的基础上，教育协作体如何去发现特定学习者？团结协作，携手共进。例如，共写教育观察日记，就可以成为一个重要载体，这个观察日记进而可以演变为教育研究手册。

在甄别的基础上，需要选择恰当的时机去加以干预，施加教育影响：观察，问候，谈话，深度会谈，提出建议，给予鼓励，给出非正式评价。比如，在教育协作会议上，有必要对特定学习者进行全方位的审议，进行教育判断，并分工合作地、协同一致地采取特定的教育行动，而且在行动实施后，还有必要加以跟踪，以不断地改善。看到学习者发生积极的变化，是对教育工作者最大的奖赏。也只有这样，教育工作才有可能是真正幸福的。教师假如体会过这样的教育幸福，那么将有必要持续；假如暂时还没有体会到这样的幸福，不要去否定它的存在，而是要努力地去体会和感受。共同观摩课堂是个重要途径；也可选择一起家访、共商事宜，还可以邀请家长参与学校教育日常事务；针对特定的学习者，帮他们在校园内寻找“替代父母”，形成“关顾体系”。

持续关注，细致观察，适时聚焦，用心体会，暂缓结论，谨慎行动。

3. 个性化学习解决方案的形成

学困生的产生有多元的因素，学困生的问题解决是个系统工程，需要对一些重要变量进行假设性验证。教师需要去发现：

在特定的课程设置和运行中，哪种类型的人容易成为学困生？他们的学习表现是怎样的，是否需要适当归类并合理命名？如何在复杂情境中进行有效归因？在恰当归因的基础上，作为冒险的教育影响、教育干预，如何在谨慎的多次尝试中寻求有针对、有实效的解决方案？从这个角度上说，“课程说明”除了正式地阐述将获得什么，如何获得，获得了会怎样之外，还需要阐述哪些人将会遭遇怎样的不适应，这种不适应将如何得到关注、研究和解决。

课程往往在“关注大多数”的情况下，体现出对特定学习个体的不适应，为此，可以从课程角度做哪些改进？是否需要放弃寻求能够解决所有学困生的一切学习困难的普遍适应性灵丹妙药，而转身定制“个性化学习解决方案”？如果需要寻求个性化学习解决方案，该如何去做？方法有哪些？谁来做此事？谁将因此受益？

学困，则需要被援助。谁是学习者可以寻求帮助的对象？教师。假如这个答案不是唯一的,那么,在诸多答案中,教师排在第几位?这个排位说明教师在学习者学习过程中事实上能起到的作用有多大?

教师发挥作用,从学有困难处着手、开始,在困难的排除和问题解决中体现。教师的专业性,在这里更呈现为高效率、高效益:帮助学习者勇敢地面对挑战,保持学习者遭遇失败后依然具有的勇气,呵护学习者持续学习的意愿,提醒学习者形成自己卓有成效的学习策略。

教师需要考虑这样几个关于教育性援助的基本准则:

第一,不努力的人不值得帮。俗话所说的"救急不救穷",不要将它理解成刻薄。这其实是最大的善意,因为用这样的态度和行为营造"鼓励努力"的社会氛围,而不是养成一大批懒汉。如果对不努力的人给予了帮助,那么,这不是援助,而是同情。同情,是不平等的。同情是将对方人为地置于弱者地位。

第二,援助中,一时的激情不值钱,持久的热情才可贵。偶尔施以援手,几乎人人能做。作为教师,对援助的持久热情恰恰是职责范畴内的要求。"要求",是在能力所及范围内,在"义务"范畴内。"要求"的东西,若不能做到,就一定是有害的。"要求"的东西没有做,就是非不能也,乃不为也。

第三,将没有说清楚努力过程以及困难所在的所谓寻求帮助理解为寒暄。寒暄,就是真诚地向对方表达敬意。如此而已。从这个意义上说,寒暄是人际交往中一种重要的沟通技巧和方式。如果学生没有与你寒暄,这只是说明他们没有发现寒暄的必要:缺乏诚意或者缺乏敬意。有必要分清楚寒暄和讨好:讨好,说明他只是在意你的表扬,假如你曾经以自身的好恶为标准要求过学生,那么,他们将学会讨好你。这不是学习者的错,而是教师的错。更需要分清楚寒暄与奉承。奉承是因为看到你所能给予的功或利,顺从你。施加奉承的人有奴性,接纳奉承的人则是在养成他人的奴性。若学生奉承教师,这就是教师的罪过了。

第四,不能单纯地等待用语言表达的"寻求帮助"。首先教会学生"怎样寻求帮助",其次运用教育教学智慧,洞察学生可能遇到的困难,并了解其关键所在。

第五,援助不等于包办代替。教师只需要做好"对方需要、自身不能解决、你所能提供"的事情,而不是替代对方做好一切。替代对方做好一切,一是过于自大试图"包打天下",二是剥夺了对方努力的可能,三则说明你不够善意。"三分帮人真帮人,七分帮人害死人",帮助他人,也需要把握尺度。

学困,才需要援助。援助,不等于包办。

相互援助,在一定的集体中,营造其氛围,构建其机制。

需要援助,不等于是笨人。

请求援助,不表示是弱者。

援助结果。用闲淡之心欣赏这个世界,世界才变得美好和可爱起来。援助的结果,是学生获得了发展。教师给予欣赏,聆听花开的声音。这是欢欣的态度。对于世间绝美的事和人，教师似乎只需要欢乐和欣赏。

援助的基础是被援助者的自主和援助者的能力。相互援助，才是真的合作。因为相互援助，人们学会平等地看待彼此，尊重各自的权利、履行各自的义务，才有可能获得自由。

七、教学者构建师生关系

师生关系，是教育关系中以参与者的角色来定义的一对关系，也是最重要的关系之一。长期以来，"亲其师，信其道""师严然后道尊""平等的师生关系""平等中的首席""授一受、导一随""教师是组织者、引导者""朋友般的师生"等说辞在各种语境中出现，可谓"纷繁复杂""莫衷一是"，甚至，有人在一种语境中说及一点，他人在另外语境中以"睥睨"表示不赞同的情形也时常出现。

在社会发展新时期，究竟如何来更为明晰地定位"适当"的师生关系，寻找到形成和发展良好师生关系（和谐共振、互促互进）的路径，以实现高品质的教育质量（对人在特定阶段的发展，从可能性及其实现角度，起最大的促进作用），是需要教学者持续探讨的内容。当然，这种讨论是要超越基本的职业道德规范的[①]。

目前来看，人们将师生关系从教育实际出现的两者互动的"控制—被控制"的角度（这实际上是"管理者—被管理者"的一维分析法）分成了"指导型、权威型、容忍和权威型、容忍型、非决断/挑衅型、压抑型、辛劳型"。这种分类结果符合实际上的师生作用状态，是一种综合表现，甚至可以从一些教师身上找到所谓的"原型"，但是，很难从教育效果上说，哪种师生关系是"好"的，哪种师生关系是"不好"的。指导型是好的吗？辛劳型是不好的吗？指导型的不辛劳吗？辛劳型的一定是非指导型的吗？从这个角度上说，这种分类方法是对教育实践中师生关系状态的不完全归纳（至少分类的逻辑标准不够一致）。这种分类方法或许有助于认识师生关系状态（任何分类，包括逻辑混乱的分类，都有助于认识的深入），然而，它至少是不能有效指导实践"向着应然""走向建设"的方向去发展的。严格来说，这种分类方法，可能反而对教育实践改善是有害的，因为它不够"清晰"，似是而非。事实上，实践教育学发展的需要，或者说一线教师更希望获得的理论架构——看待、分析、理解教育现象的基本视角，设计教育活动的"教育实践知识"，是必然要指向改善教育实践的。"教育，是一项规范性的事业。"下面做些辨析。

师生关系是从"教育者和受教育者"这一对立统一的关系中衍生而来的、以角色加以说明的关系，属于人的社会关系的一部分。人的未完成性，决定了广义的、一般意义上的"师生关系"是"人成为人本身"不可或缺的一部分。所谓"三人行，必有我师"，随着终身学习理念的确立，"人生时刻需要导师"也成为很多成功人士的共识。这，也体现了

① 教育部.中小学教师职业道德规范[J].人民教育，2008(18).

社会发展过程中，人们对“学习”本身的需求和重视。善于从周围一切人身上学习，是一个人立身社会、贡献社会的第一素质要求。

从人的基本权利角度来看，正是因为学习权（受教育权）的主张和实现，特别是“学校教育”的出现，才有了严格意义上的“师生关系”产生的逻辑起点。现代学校的产生，更为规范和严格地凸显了师生关系在人的诸多社会关系中的显性地位和特点。传统上，“一日为师，终身为父”，这尽管有封建伦常的痕迹，但是，假如在现代社会，一个中国人依然能秉承此种观点，常引人“肃然”，不能不说这样的观点契合了人们长期以来伦理实践和内心归宿感的需要。人的发展必然离不开他人的帮助和提携。人不可以忘本。这是国人古老的“生存智慧”和“纲常”。希波克拉底誓言中，立誓者需要宣誓，将自己从老师那儿学来的知识毫无保留地传授给后来的学子。仅从人们对待师承关系的角度看，东西方的文化在这点上是共通的。

从人的发展角度来看，“教学相长”说的是良好的师生关系对双方发展所产生的积极作用。然而，由于学生具有强烈的心理上的“向师性”，尽管师生在人格上是平等的，但是教师拥有更高、更广的学识，更敏感细腻和丰富的情感世界，更多样、更复杂的人生经历和体验，其往往在师生相处中处于更为“主动”、更为“主导”的地位。从这个意义上说，师生关系即教育质量。

从教育的价值及其实现的角度来看，“人在满足他人需求的程度和水平上体现其自身价值”，则教师之于学生而言，其价值就在于在什么范畴内、在多大程度上满足了学生发展的需求。从这个意义上说，教师存在价值的衡量尺度之一是师生关系的深刻性和广泛性。可以说，一个师生关系良好的教师，不仅仅传授知识，更具有影响人内心世界的力量，更具有照亮他人未来前行方向和道路的价值。教学者可以去发现那些受到学生感激的教师的一般特征：在某个偶然（发展的关键阶段、关键事件）上，以一言或一行，使人“豁然开朗”，使人“释然放下”。那么，“好”教师为什么具有这样的力量？“师严然后道尊”，道之不存，师复何在？！这个“师道”在新的时期，本身应该在于教人求真、向善、尚美，其基础则是尊重、呵护和包容，尊重人之所以为人的一切差异和可能，呵护学生的好奇心和求知欲，包容学生成长过程中的不如意，甚至是错误。

从人和人的关系产生角度看，关系产生于活动中，且对活动的质和量有着深刻而广泛的影响。师生关系，假如离开了学生的成长，则为“无所依靠”的状态。学生的成长活动，涵盖了认知领域、情感领域、动作技能领域、审美精神领域、伦理实践领域。因此，需要从学生成长活动角度细致地辨析师生关系在表现上的细微差异，并由此得到“怎样的师生关系对学生的成长是有利的”这一问题的相关结论。

1. “专家·新手”性质的认知活动领域的“指导性”师生关系

毫无疑问，在认知活动领域，教师是“先学”，是“高手”，是“专家”，“学高为师”在新形势下要有新的内涵，因为，其人昏昏，不能使人昭昭。教师已经不仅仅要体现出“先知""先觉"的特色，更要从"学生才是他自己的知识的建构者"的角度，来帮助、促进和鼓励学生以自己认知世界的方式和角度切入，并最终获得和人类认识世界的方式相一致、相吻合，但不一定完全一样的认知方式。这里包含了"批判和创新"之间的张力。从一定程度上讲，每个人认识世界的路径在"复演"着而不是"拷贝"着人类对世界的认识路径，而这，恰恰是人类的认识有可能不断地处于进步之中的根源所在！

现代社会中，信息获取的渠道变得越来越多样，教学关系不再是"一桶水与一杯水"的关系，师生之间在信息释放与获取上的双向性特点，决定了可以在信息占有、分析并形成知识上具有更多的双向交流性质。

然而，在以学科内容为载体的教育关系的形成中，尤其是在"基础"教育阶段，学生知识结构的不完整性、思维发展的相对落后性（受年龄的限制），要求教师能在学生认知结构的形成与完善方面体现出"专业的诊断能力"、适当的"点拨"技巧、高超的"引导"艺术。

由此，教师对学科理解的全面、深刻、广泛，以及对"教授他人学习"的技能的灵活性综合运用，在对话中、在交流中促进学生认知发展，充当"对话中的一员""平等中的首席"就显得尤为必要了。

教师，得是个"高人"——这主要体现在对学科知识的高深理解，设计学习活动的高超技艺，对学习方向的高瞻远瞩。

2. "我·你"性质的情感活动领域的"共鸣性"师生关系

共鸣性既道出了在情感活动过程中，师生彼此作用的双向性、互动性特点，也揭示了"我·你"作用中充分体现"主体性""主体间性"的高境界。教师要学会的第一本领是"站在学生的立场上理解其观点和结论"，要把握的核心策略是"我如果在你的角度，我也会这么做；我如果在第三方的立场上，可能会怎么做"（理解、同情、示范的合一）。

在师生基于教育教学活动的情感互动过程中，尤其在起始阶段，学生可以要求被教师理解，教师却不能要求被学生理解。然而，在教师长期的示范、引领下，学生将可能于潜移默化中学会这种有助于合作的建设性人际关系形成的本领，并逐渐地成长为具有很强"宜人性"且在人际互动关系中居于主动者的角色。

教师，得是个"善人"——善于理解、善于沟通、善于移情。

3. "教练·模仿"性质的动作技能习得领域的"相伴性"师生关系

在学生学习某一动作技能过程中，教师有必要示范动作要领，有必要作为教练细致地分析学生的体质、心理特点，有必要制订合适的练习计划，并鼓励、督促学生把握动作的要点，熟练地掌握该动作。一项动作技能的习得和掌握，教授者，若不具有让人"震撼"的本领，想让学生愿意学、学得好，很难。乒乓球教练若不能打好乒乓球，教别人学打乒乓球，难！教授别人武术者，光说不练，想让学生愿意去学，难！倘或教授动作技能的老师能让孩子惊叹,能让孩子佩服,"起而模仿",则是轻而易举的事情了。[①]

教师,得是个"牛人"——有本领,本领很强大。

4. "师·随"性质的审美精神活动领域的"自渡渡人型"师生关系

在审美活动以及精神气质涵养的过程中,教师当以自身的人格气象来影响学生的内心世界。所谓灵魂与灵魂的对话,所谓"向内诉求",所谓"在奉献中寻找内心高层次的安宁"。"迷时师渡,悟时自渡",教师在寻求自身幸福感、美感的过程中,以一己之力,撑起自己和学生的"敞亮世界"。自知者,明;知人者,智。教学者有必要将学校教育、家庭教育整合成有利于自我教育的力量,帮助孩子强化自我省察的意识,提高自我洞察的智慧,明确自我觉醒的方式和方法,最终达到自我发展过程中的自我认识、自我期待、自我定向、自我监控与评估,及自我觉悟。

教师,得是个"神人"——超越眼前,超越世俗的功利。

5. "范·从"性质的伦理活动领域的"隐喻性"师生关系

教师作为一个活生生的例子,呈现在、展示在学生面前,一切有价值、有意义的伦理规范,将由"身正为范"的教师用"身教"的方式来传递。从这个意义上说,社会若想健康发展,"教师是不能变坏"的。

教师,得是个"圣人"——恰当地主张,克己忠恕,特别是在人的"修身养性"中,无论对人、对事,均显示出良好的"诚意"。这里,尤其要强调"诚意"在"格物、致知、修身、齐家、治国、平天下"中的基础性及先导性作用。

人和人的互动,是发生在一定的场域中的,师生互动也是如此。当前,师生交往所发生的场域有多种:一类是以口语、肢体为媒介的面对面的交流和互动,这包括课堂、活动、日常交往;另一类是其衍生的,借助于文字的交流和互动,如学生作业、家校联系册、意志力长跑本、班级 QQ 群等。

课堂上,师为表,友为里。

当前的课堂教学从氛围上看,主要有"规范严谨、紧张进取"的特点,这一方面可以通过上下课等一系列的仪式来加以营造,另一方面也有助于强化师生彼此之间的角色认同。无论是学习内容(以及程度标准)、学习活动样式还是学习资源的类型和内容,大多是教师基于教育经验、教育实践知识预先做出的安排,所以,课堂中学生思维、情感、行为的实质性参与,均在于教师的鼓励、感染和推动。无论是作为组织者的角色(安排活动、把握节奏),还是参与者的角色(对话中的一员、行为的示范),或者是促进者的角色(思维展开、深入和聚焦),都共同构成了教师在课堂上的显性的地位和作用。当然,如果教师能以更友善、亲和、善解人意的方式展开课堂教学,注意倾听、关注、尊重,则学生会学得更快、更好、更顺畅。

---

① 这里可以拓展到"教练技术"。所谓教练技术就是通过改善被教练者心智模式来发挥其潜能和提升效率的管理技术。教练的结果在于追求内心变化和成长。

日常交往中，友为表，师为里。

日常交流活动中，尽管学生依然具有很强的向师性，但是由于氛围相对宽松、自由和活泼，而且，如果是学生主动发起的师生谈话，那么，在学生心里则更多地将教师看成可以信赖的人、可以倾诉的人、可以求助的人。师生交互中，教师要更多地以朋友的身份交流和发表意见，但是在教师的内心深处，则要始终记得自己的教师角色，而不可以"失度""失范"。这里特别要注意的是，教师和学生的谈话要努力向学生传递"被期待、被欣赏"等正面情绪，而非"你若不努力、不勤奋，则会如何如何"等负面情绪。

校园活动展开前后，生为主，师为辅(导)。

校园活动，是学生生活的一部分，而且是在其记忆中留下"美好"的最主要的部分。因为在其中，他的创造性、主动性能够得到最大程度的发挥，其组织能力、综合学习能力、与人沟通的能力等能得到最大程度的锻炼。

作业互动中，学生认真完成，教师发现闪光点、肯定规范处、鼓励"完美"。

学生每日作业，除了用作复习、巩固所学之外，更有一个重要作用——向老师"证明"自己所学，"展示"自己的理解。所以，教师在学生作业上留下的痕迹要极力避免"学生有优异表现，但是无人喝彩"的尴尬。

家校联系册上，学生记录成长喜悦、烦恼和感悟，教师以自己的人生经验为基础，提建议、谈想法、给评论。意志力长跑本里，学生自定目标，教师为他们"呐喊""鼓掌"。

班级有家校联系册或者意志力长跑本，所谓"以纸传情，三方共育"。教师、家长，在陪伴孩子成长的过程中，不知不觉间，自己也受到教育，得到成长。尤其是在针对事件的不同评述上，体现了每个人视角的差异，在比较差异的过程中，心智得到发展，眼界得以开阔，境界得以提升。

综上所述，"人被自己的内心所驱策"，建设和谐的师生关系，靠教师的主动，且渠道多样。师生关系的建设，基于教师对自己的省察、对学生的理解，是在相互交往和对话中形成的，更是在促进、帮助学生学习和成长中彰显的。

第三节　提供经过检验的课程

一、课程理想：从"被动接受"到"主动理解"

课程相对于学习而不是教学(派纳语)。课程作为跑道、轨道，是计划、活动程序，与之对应的是学习。学习，可以看作修炼的过程与本真。修身、齐家、治国、平天下，其基础在于修身。基础教育阶段的课程各领域综合地追求"文化经验"。这意味着文化在这里——课程中，得到传承。过去，强调“文化传承和创造”中的传承、接受、共性的部分多了些，忽略了其中创造、理解和个人意义的部分。

下面，首先回顾和反思关于基础教育阶段各学习科目在培养目标达成上的价值和作用；其次，完整地认识作为课程重要组成部分的学习活动；再次，对教学目标、教学内容和进度、教学时间等操作性问题加以重新审视；最后，将课程的终极目的界定在通过理解达成解放和自由上。

1. 审视各学习科目的教育价值

在表达事物、构成自身的理解方式、表达自身的认识以及传递信息等方面共同构建各门课程的本质性内容。

在表达事物方面，各门课程提供了观察和认识这个世界的独特方式，这种方式就成为该门课程的“工具价值”的重要组成部分。这种工具价值，既存在于直接认识“世界是怎样的”，也存在于养成“认识世界的方式”。认识世界的方式同时也意味着人主动地接纳并逐渐构建“自身的理解方式”，特别是在构建的过程中体会到课程的人文价值。在“表达自身的认识”上，人们首先需要洞悉自己的内心，并能以一己之理解去体验万物变化之道（庄子）。其次在于接纳他人的处境行为，欣赏其独特的表达，并吸纳到自身的表达中去。这，同时还意味着传递。

基础教育阶段的各门课程（学习科目）为什么有存在的理由？原因是它们具有独特的教育价值。在教育价值层面上审视各学习科目，才能使得各门课程不至于迷失方向。同时，各门课程又具有相应的学科背景，这个背景的存在，使得各学习科目在教学过程中容易滋生出学科本位主义。只有将特定学习科目放在整个基础教育阶段的全部课程的基础上，从促进人“全面而富有个性的发展”（马克思语）的角度，才可以把握好“最有价值的知识”“最合适的量和质”“最恰当的深度”。即，各门课程有合适的量与质，并得到均衡和协调。基础教育阶段的各学习科目有必要超越其学科背景。这里，所谓的超越学科背景，主要在于对“课程需要培养怎样的人”的思考和把握。在国民教育体系中，各学习科目只是在共同培养一个素质高的公民，在为其奠定终身发展的基础而努力，并不是要培养“××专家”。比如，“小学生掌握 2000 个英语单词”。过去，人们思考的基点是“怎么帮助其又快又好地掌握”，然而，如今我们更有必要深入地探究“小学生有没有必要掌握这么多单词”“掌握这么多单词会不会损害其他方面的发展”，即“这样好不好”等问题。

以基础教育阶段的地理课程为例，其“综合看待多种地理因素（尤其是立足地方）”“动态理解事物的变化与发展（时间和空间尺度）”“多样的表达方式”等视角，就成为课程的核心和基础。这个基础同时成为“构成自身理解方式”以及“表达自身的认识”的多元方式中独特而且有价值的可选方式之一。

基础教育阶段各门课程的价值，在于达成培养目标上的功能和作用。培养负责任的中国人、终身学习的现代人、积极生活及合作的明智人。

2. 完整地认识学习活动

课程要秉承帮助学生理解世界、认识自我、构建关系的理念来进行。[①] 从关注学习的过程和结果来看，课程应解决如何安排学习的外部过程、如何获得想要的结果等问题。同时，学习的发生，还离不开内部的过程和结果。将学习活动的完成看成内部学习结果、过程以及外部学习结果与过程（盛群力语），或者将内外部一致地看作"教学事件"（加涅语），将使得教师逐步完善自己的教育教学视角。这将有可能实现从"关注教"到更加"关注学"的转变，并能在这种角度下重新解读赫尔巴特的教学形式阶段之"明了、联想、系统和方法"，并获得新的认识：这是"教"的行为的"形式划分"，而不是课堂的大结构。可以不再囿于"传统"与"现代"之争，而是从一切教育理论中获得营养并"为我所用"，从此获得"实践理性"，发展自己的"批判教育学"。

由此，"教学的目标、策略与评估"三者的内部协同性和外部一致性将成为教学者有必要重点考虑的内容。"课堂旅程的目的地何在""如何到达那里""怎么知道到达了那里"将真正成为一个系统、一个整体。教学者在教学方面的系统思维、整体思维将日臻完善和成熟。以此来看，课堂教学目标意识、策略意识有待得到强化；"评价贯穿于教学"的思想就成为应有之义。从检测来看，为了查明学习的起点可以使用"前测"，为了看清楚到哪里需要"插入检测"，为了弄明白学生学得了什么、哪里需要补偿教学，就需要"形成性检测"。

学生的学习过程（学习活动）到底是如何将内部学习（思维、情感的变化）与外部学习（动作、言语表达）进行勾连的，从外部的学习过程和结果如何推知其内部状况？要回答这个问题，需要就"学生经验的课程"进行调查和研究。这里的经验包括经历和体验两个层面。经历，尤其是大班教学，外部过程类似，但是，要允许每个学习者用自己的方式来构建世界，甚至不仅仅是"允许"的问题，"尊重""呵护"才是正道。

假如，提供机会让学习者"出声思考"。一方面教师可以借此明了学生的思维过程，另一方面也可以帮助学习者更清晰地认识自己的思维过程。只有教师明了（有经验的教师往往能够洞悉）学生构建这个世界的意义的具体方式，才可以着力于点拨（教育性干预），促进其提升，即促进"图式"的演进。图式的演变，有待于在新的情境中运用。

如果在学习过程中，教师能从一门课程学习的基本能力和方法角度加以设计，这样的学习过程是基础性的。这个"基础性""预备性"的过程中，教师的指导作用、引导作用相对比较多，"扶"得多，但是，其过程依然是学生在"跑"。

在新的情境中运用图式，或者说是"思维模型"，教师"扶"的成分就少了些。只要在关键点上对学生加以提醒就可以了，这是"拓展性"。

进而，当学生运用经过改善的"思维模型"于新的情境之时，教师需要放手。这是"独立运用，自我发现"的过程，教师只需要呐喊加油就可以了。

---

① [美]侯世达. 我是个怪圈[M]. 修佳明，译. 北京：中信出版社，2019.

课程中,学习活动成为一个非常重要的组成部分。第一,对学习活动加以重新思考,尤其是在内外部学习过程和结果层面上加以把握。第二,学习活动中,师生之间的相互作用,教师的主导和学生的主体地位,在不同的阶段中,其表达样式是有差异的。

3. 重建关于课程的若干概念

重建"教学目标"的概念。过去,所谓的教学目标是哪里来的?是从课程目标中"剥"来的?从教学参考上"抄"来的?太不可思议了。课堂教学的目标,是从"学习起点"到"课程目标"的阶段分解,是对必要性与现实可能性等诸多"两端"的综合思考的结果,是确立教学策略的基础。教学目标有待于超越学科的内容,进展到"贯穿学习生涯的关键特征"[①]层面;教学目标有待于在"可操作"关注之下加以"整合";教学目标有待于以"时间线"加以审视,即前一节课的目标和下一节课的教学目标成为一个真正的"连续体"。

重建"教学内容""教学进度"的概念。教学的内容有待于从知识转向能力,从"鱼"到"渔",从"结论"到"过程"。教学进度,有待于从"覆盖教材"到"完整的体验"。起始年级,如何帮助学生"进入课程学习","入门"如何"慢"且"慢得有价值"是需要重点考虑的问题。

重建"学业评价"的概念。首先,需要界定学生修习某门学习科目的阶段性目标,即在每个模块、学习单元中的目标,并将其作为修习者发展状况的过程性评估标准。其次,考核目标是否达成。在每个最细小的阶段上,如何用不同的支持方式帮助其达成。最后,在过程评价和结果评价上,在课程的三维目标的达成上,学业评价的体系是完整的。

还需要从学校层面上,整体构建与"基础性学习""拓展性学习""研究性学习"相对应的、灵活的、可行的课堂教学时间。为着能进行相对完整的、深入的、蕴含较多"高阶思维"含量的学习,一个相对完整的学习过程,就需要灵活多样的"集中学习时间",这是一方面。另一方面,教师在编制单元教学计划以及设计学习活动时,就可以根据多样的"集中学习时间"(课时)来安排不同的学习活动。

学习的修炼本真,在基础教育阶段尤其需要课程这一跑道。修炼的目的在于获得一个新的自我,在于发展思想:在认知的过程中,提高对外解决问题的能力;其内核是思维,在于"思维建模",同时"思维建模"也可以认为是个中介。这一过程,将赋予"自主、合作、探究"以新的含义:理解是以每个学习者为主体的;合作在于主体间性;探究是为了更好地认识这个世界并做出评价,即这个世界是怎样的,好不好。

课程在最周详的整体安排的基础上,需要根据学习者的状况,进行灵活调整并给出适当而且充足的理由。课程当从纯净智力和情感入手,随后保持其开放的状态,进而给出智力得以发展、情感得以深化的理由。学习在目标、过程、节奏、结果、策略(工具)及

---

① 参见本书第三章第一节。

风格上得以兼顾。学习当从不厌恶始，随后获得学习的过程乐趣，将对知识的拓展和深化作为学习行为的最好奖赏，进而在其中发现兴趣、志趣所在。

为着"走向理解"的课程，将秉承"解放"和"自由"的思想。所谓理解，包括理解文本所承载的前人知识和方法、理解学习伙伴、理解自己的内心等含义。所谓解放，是将人从为之束缚的一切东西中解脱出来（马克思语）。也只有解放，才能使人获得真正的自由。

二、课程开发：从"彼此分割"到"系统一致"

课程作为一所学校最重要的财富，基础教育阶段的名校之所以成为名校，在于它能提供的经典课程和名课程。一所学校所培养的学生，若是具备某种独特的气质，源自这所学校所能提供的课程体系。一所学校之所以能累积办学经验，其主要原因是课程的演进。这里包括整套的、具体的某课程的开发、实施、评价的程序和方法，也包括通过课程建设教师获得专业发展的载体、途径和效益，更包括蕴含在教师身上的"课程理解、课程规划、课程执行和课程评价"的意识和能力。课程生活，成为学生学校生活的重要的、主体的组成部分。

首先，需要确认学校课程的历史和资源积淀以及所面对的特定修习对象；其次，梳理在学校课程层面上的课程开发的分散、分割的现状及其弊端；最后，提出一体化的学校课程开发思路、内涵、策略和途径。

1. 课程的用户分析(需求调查)

一所学校，在当前分选性比较好的考试的筛选下，能进入其间学习的学生，往往在知识结构、学习策略、情感倾向等诸多方面具有明显的"层次"一致性。同样，由于学校办学传统的存在，尤其是一代代人的办学经验积淀，往往也有相应的课程文化。若是这种文化具有独特性和针对性，将在学校的办学哲学层面得以呼应，在学校办学特色层面得以彰显。

在学校培养目标的观照之下，每门课程的价值取向、内容结构（组成及其比例）和功能、学习活动序列、学习资源匹配、操作要点手册、学业评价方案等诸多方面若有成熟的经验，确实地对课程加以评价和修缮，这样的课程就可能成为学校的经典课程和名课程。

2. 课程开发中存在的一些弊端

对待课程开发，往往缺乏系统的思考和整体的谋划。比较常见的情况是：制定教学进度，就等于什么时候覆盖教材到哪里；制定课时方案，就等于这节上完什么内容；提供学习资源，就等于选用教辅资料；安排学习活动，就等于按照惯常做法进行；学业评价往往就等于考试成绩。这是一种对课程的"分散"思考，"分割"完整学习过程，"散乱"提供学习活动，"习惯"展开教学双边作用，"削足适履"提供学习资源。

所谓对课程的分散思考，主要是对短时间的安排关注多，对学习的全程关注少；对课程的诸多组成单独地加以审视比较多，而对课程的目标、策略和评估的一致性思考少。纠正这种分散的思考倾向，一种方式是“日常思考”有待于进展到“集中审查”，另一种方式是“整体谋划”细化到“细节推敲”。其背后的思维方式就是从线性思维进化到系统思维和整体思维。分散的思考还表现为“学科本位”，即仅仅从单一学科的角度思考课程的开发和展开。对应的就是如何“超越学科”到“教育价值观照”。

所谓分割完整的学习过程，比较常见的是教师关注自身对内容的理解多，关心学生怎么构建知识、如何形成学习策略的少；陶醉教者自身的表演多，呵护学生的学习节奏和学习中的情感体验的少；对学习者的学习起点把握不准确，对学习活动类型及其对应的可能学习结果之间的关联未加考虑；对学习活动的形式关注多，对学习活动的实质关注少。这就造成在一门课程的学习过程中，对学习者的阶段学习表现和学习结果不清楚，课程如同“脚踩西瓜皮，滑到哪里算哪里”。学习者则表现为苦恼、郁闷，遭遇太多的学习障碍而不能得解，最终丧失对学习的热情。应该将学习过程按“时间线”加以整理。

所谓散乱提供学习活动，往往表现为课程进展中的假讨论、伪热闹，遮掩着学习中思维贫乏和无所进展。学习活动，宜在学习者内外部的勾连上加以审视，在外部操作和内部变化上发现其间的联系。

所谓习惯展开教学双边作用，就是课程展开中的惯性成分多、禁忌多，而没有将这些习惯和禁忌加以思考，还原这些“经验”到其恰当的情境中。即存在“教学习惯”被误用的危险、“教学经验”被夸大的陷阱。教学双边活动的展开中，越是平常的往往越具有象征意义，值得教育实践者对这种实践的惯性进行反思。

所谓“削足适履”提供学习资源，就是在选用学习资源的过程中，对“占有”考虑得多，对“运用”考虑得少；未加细致考量的多，深思熟虑的少。

3. 走向“系统一致”的课程开发

为什么要学(课程价值)？习得的是什么(课程目标)？在什么阶段习得什么(课程阶段任务)？这种习得需要教师提供怎样的教学干预(教者可为的空间，教者的现场作用)？怎样通过学习者自身的“操作”(操作的对象即学习资源——素材性资源，操作的过程即外部学习过程，操作的结果就是内部图式的演变和对外解决问题)习得？如何证明习得的就是课程所期望的(课程评价与学业评价)？学习是否存在意外之喜或者“反教育”(课程评价)①？对这些问题的回答——整体性的回答，就需要课程开发走向“一体化”。

(1) 何谓“系统一致”的课程开发

“系统一致”的课程开发，需要准确把握好学习者的特征，最好的课程应该是最适合学生发展的课程。对于不同的学校，最好的课程恰恰是最适应其学习者的课程。学校不能仅仅为了表示自己的“与众不同”去追求形似而神非。最适应特定学习者的课程也是最有特色的课程。这样的课程自然也与学校的办学特色一致。

---

① 钟启泉.课程的逻辑[M].上海：华东师范大学出版社，2008.

“系统一致”的课程开发，需要从整体到细节，从细节到整体的多次“往返”。唯有多次往返，才能保证课程的整体性得到最恰当的关注，同时又不失去对细节的关注。仅仅追寻宏观，容易空；仅仅追寻细节，容易碎。

“系统一致”的课程开发，将课程开发的过程演变成一个课程自身动态生成的过程。这需要课程开发首先从对课程的整体谋划开始。综合考虑开发者自身的状况、学校要求、学习者需求以及可操作性等。同时，不期待“一蹴而就”。甚至“策略稍后形成”“摸着石头过河”也需要得到允许和尊重。

“系统一致”的课程开发，在学校层面上，需要整合国家课程、地方课程和校本课程；需要在必修课程和选修课程之间整体协同；需要在学科课程和活动课程之间保持适度的比例；需要兼顾“校本化实施”“引进改编”“自主开发”三种开发形态；需要在基础课程、拓展课程上予以考量；需要在书本学习和生活经验之间架设桥梁；需要在接受式学习和发现式学习两种方式上平衡。

“系统一致”的课程开发，需要在课程的整体架构上多思量；从课程文本到课程展开过程全盘考虑；在过程中实施知识管理。开发的思路并不排除泰勒的科学模式，也不唯多尔的后现代模式是从，车尔尼雪夫斯基的策略也可以考虑，女性视角同样可以使用，对学习权的尊重和维护值得重视。

从“分散分割”到“系统一致”的课程开发，意味着系统的视角和整体的思维的彰显。这种变革是复杂的。越是复杂的变革，你能要求人们做的事情就越少。在愿景的澄清、分享和感召之下，人们从自身人生价值实现的角度出发，实现从“要我做”到“我要做”的转变。管理者从“检查监督”向“提出目标、提供帮助、分享成果”转变。“课程领导”的真正内涵在这里得到体现和具体化。

从“分散分割”到“系统一致”的课程开发，改变着教育者的工作方式，研究即工作，工作即研究。其角色从“课程实施者”向“课程提供者”角度演变。教师即课程。这样的课程成就学校、学生和教师自身。

（2）“系统一致”中的国家课程

在“系统一致”的课程开发之路上，如何看待国家课程？有的人用“校本化实施”来指认，我更愿意用“二次开发”来说明。这是因为：第一，“校本化”这个概念其自身需要赋予意义，而“二次开发”恰能自明。第二，“校本化实施”只是强调实施，而未能对课程的整体予以观照，“二次开发”则不同。“二次开发”，是工程技术上的术语，表示针对用户需求的产品开发，需要较少的物质投入，但是需要较多的智慧性劳动的投入。这恰恰符合学校对国家课程的改造要求。

这个用户是谁？是学生，也是教师。

为何“二次开发”？更适应特定的学生、特定的教师。

如何“二次开发”？解读国家课程标准，获得该课程的关键点和检验点；分析多版本课标教材，获得“二次开发”的启发；重点分析学生已有的教材，调查和研究学生是如何形成经验的；结合课程的关键点、检验点与学习过程的实然状态，充实课程的细节（课程单元、课程单元的重心、课程单元的检验点与关键点、课程单元的展开组成部分——活动和资源、课程单元的评估）；统整，构建出师本和生本的课程。

以教师视角来看待这个"二次开发"的过程，就是开发"我和我的学生的××课程"。

课程的"二次开发"，一方面让人们对国家课程这一保证学习者共同基础的标准教材有足够的敬畏之心；另一方面，让人们不至于迷信。

（3）"系统一致"中的校本课程

"系统一致"的课程开发之路上，校本课程如何进行？这种校本的课程可以是对国家课程中某一部分内容的"放大"，即拓展、延伸、深化；可以是多学科背景的"综合"，即以主题为线索，加以选择、组合；可以是对引进课程的"改变"，即更适应特定的学生和教师。但是均必须回答"目标是什么，通过怎样的修习活动（包括时间、内容、程序和方法），如何说明已经修习并获得相应的何种程度的发展"等。

这样的课程需要逐渐完善出"课程纲要"，对课程做整体描摹；完善"课程实施指南"，体现修习程序、方法和资源；完善"课程修习指南"，帮助学习者了解关于课程的一切面貌和细节。

"系统一致"的课程开发，为学生的后续发展奠定坚实的基础。各门课程自身具有完整的内部一致性和有效性，各门课程组合成的整体具有协同的一致性。

4. 课程编制的技术与流程

人们用自己的方式认识和理解世界，之后去改造这个世界。一个人成为他自己，也就是形成自己阅读世界的方式、表达事物的方式、构成自身的理解方式、表达自身认识并试图传递的方式。

因此在课程编制的技术上，需要了解并要守护好一些核心指向。学习者需要通过对课程的学习、知识的获取和理解、技能的娴熟、思维习惯的养成，以及态度指向、情感倾向，并最终以世界观①、人生观以及价值观综合地体现出来。

高境界和广阔的教育视野下的课程，它应当"综合地追求文化经验"，并成为其中不可或缺的组成部分。

良好的课程是对学程的整体谋划、系统规划、全程设计与精心编制。要成为一门完整的课程，需要综合考虑目标、经验、组织和评价。下面以高考地理第二轮复习课程编制与实施为例加以说明。

（1）目标：有所依据地确定可能学到什么及其程度

确定第二轮复习的学习目标。最高的层次是学生能综合运用第一轮复习中所建构的系统化、网络化知识，运用娴熟的技能获取信息，分析问题，有效地解决问题，并获得

① [美]理查德·德威特. 世界观：现代人必须要懂的科学哲学和科学史[M]. 孙天，译. 北京：机械工业出版社，2018.

较使人满意的答案。这是所谓能力提升迅速、得到高分的状况。第二层次是对第一轮的复习所获得的结果有比较好的梳理，在知识掌握、技能娴熟上略进一步，并可以获得良好的分数。第三层次是一种对第一轮的“保温”，只是因为强化训练而获得一些题感，对分数的获得帮助不大。第四层次是所谓的“挠头摸痒，东一榔头西一棒”，似乎问题很多，似乎一节课就想解决一切问题，其实是旧问题没有解决，新问题又产生。

在确定课程目标时，有以下几个因素需要加以思量：学生、家长、学校和社会需求，测试要求，哲学和心理学“筛子”。

首先，关于“需要”。不同生源、不同学校在确定第二轮复习的目标的时候，其需求是不一样的。但是帮助每个学生在第一轮复习的基础上，能够获得各自良好的分数，在这个过程中，以能理解的方式进行，这应该是共同的。

其次是关于测试要求。对考试的研究是为了深入探究学科教育教学专家通过测试题所传递的信息：他们觉得高中地理教学需要珍惜什么，高中地理教学以怎样的方式展开更好，如何确认考试的目标，试图考查什么内容，以怎样的材料来构建问题情境，以怎样的方式来设计问题，特别的是，学科教育教学专家如何在理想和教学现实之间进行妥协，并持续改变测试，即命题发展的基本趋势。

最后，哲学和心理学“筛子”。主要在于回答“什么是好的”“怎么样做就可以怎样”，前者是一种信念，后者主要回答“怎样是可行的”等顺序性问题。

(2) 经验：给予学习机会，确认学习者必须做些什么

关于经验，首先有必要确立“学生做了什么而不是教师做了什么”的基本原则，即学生学习经验的累积更主要的是他们做了什么，而不是教师做了什么。教师的所有教学安排都是为了更妥善地为学习服务。帮助学生精确表达自己，除了告诉学生做什么，更重要的是让学习者学习怎么做。在选择相关经验的时候，有四个方面值得重视：

第一，思维技能。在所有的经验中，提高思维的技能和发展思维的品质最需要重视。思维的发展是依赖于一定学科背景的材料的，我们并不完全赞同形式训练说。

第二，获得信息。“当学生面对新材料的时候，他们有足够的技能技巧来获得有用的信息，并保持对新材料的敏感性。”

第三，社会态度。可以设想，哪些态度是人们所喜欢和珍惜的。热爱、认真、细致、严谨。需要激发而不是遏制人的好奇心，谨慎小心地对待新的情境，详细地对计划作出安排，及时回顾其严密性，等等。

第四，培养兴趣。可以用“学而不厌”来作为一个重要的评价标准。什么知识最有价值？这个世界上到底是否存在无价值、低价值的知识？兴趣指向的知识，对一个人是最有价值的。

(3) 组织：科学有序，保证学习者投入在学习活动中

“让他们忙着”“抓住他们的注意力、兴趣点”，这很重要。当学习是个人参与、自我发动、弥漫性(渗透性)地进行，并获得自我积极评价的时候，这种学习是有意义的(罗杰

斯语)。此时,需要进一步考虑的是“顺序、连续和整合”。

学习活动如何在形式、内容设计、目标指向上注意形成顺序?这不仅仅是一节课需要考虑的问题,更需要放在一个时间段中去加以考察。

学习中所获得的体验、感悟到的思想、娴熟的技能、掌握的知识,怎样才能成为克服了遗忘而后形成的一个连续体?瞻前顾后!既不可以捡了芝麻丢了西瓜,也不可以朝三暮四地随意改变,而是需要如同滚雪球般持续积累。

之所以要整合,主要原因在于很多目标可以在一个活动中得以体现。即,策划和实施的任何学习活动,一定要努力指向学科的核心、本质,并对教育价值给予足够多的关注。

可选的组织线索有这样一些,第一是概念,学科的核心概念。第二是原理和规律。这两者在于理解。第三是技能,主要是搜集资料,获得信息。第四是表达,即逻辑有序、周密详细地表达。第五则是以上四者的结合。

(4) 评价:积极强化、纠正、反馈或者进一步指导

评价最主要的目的和价值是回答“有用吗,达到了没有”这一问题。第一是有目的、有计划、有组织地收集事实性信息,得到事实所在,进行事实判断;第二是根据教学目标和哲学深思,进行价值判断;第三,利用以上知识,选择后续行动的基本策略和措施。

(5) 教师基础:准备、示范和学习指导

有所准备。这种有所准备意味着扎实的案头工作。以高中地理为例,这种案头工作包括以下三个点:第一,对整个高中地理的知识体系、方法体系有全面和细致的理解。这可以通过研究教材、对照课程标准和江苏省高中地理教学建议,以及绘制概念图的方式来解决。第二,尽可能详细地知道这些知识和方法可以通过什么办法来考查。这需要搜集各类高考试题、高考模拟试题,分析所考查的内容、设问的基本方式,对考试所指引的教学方向有清醒和深入的理解。从各类题目的参考答案入手,梳理解题和整理组织答案的逻辑,感悟这种组织方式和方法的优越性,熟悉这些组织方式中蕴涵着的基本的学科思维方法。第三,细致地以学生所用教材的体系为线索,将各类题目穿插于其中。注意其典型性,注意其与课堂教学目标的密切关联。要尽可能达到“举一反三”的练习效果。

有所示范。这种有所示范意味着有效的教学行为,它包含以下四个部分:以基本规律和原理的理解性掌握为基础,适当展示运用它们解决问题的各类题目或者情境,促进学生深入理解;亲自示范结构性掌握知识的方法,并让学生自觉地模仿;构建学习活动,让学生在彼此交流过程中进一步修正自己的理解和运用所学;布置配套的(系列化且可以根据学情灵活调整)、经过精心选择的练习题,让学生乐意通过练习巩固所学。

有所指导。这种有所指导意味着细致的师生交往和教师的教育智慧及专业品行。其内容是:了解班级整体以及每个个体学生在地理学习上的基本感觉、主要障碍和喜欢的学习方式;真正地基于学生的学习情况来展开教学。需要做到把握好学习起点,敏锐

地察觉学习情绪，紧扣学习目标，继而坚定地推进学程，之后专业地鉴定学习结果，并持续地制定反思行动方案；建立起学生对教师的专业信心和人品信赖。当学生遭遇学习困难的时候，他们有意愿、有时间、有机会与教师交流并获得切实指导，而不仅仅是"空对空"的号召。

5. 开发"我和我的学生"的课程

以下以地理课程为例①。

教师的课程开发(curriculum development)，既包含了设计(design)课程，也涵盖了实施课程获得良好绩效并检验其效果。如果不喜欢"课程开发"这个词，可以用其他任何喜欢的词汇，比如备课、教案、学案等等。在开始阶段不必将概念区分得很清晰，但是随着实践的逐步深入，为了更好地、更清晰地表达而不至于引起误解和歧义的时候，才有必要区分这些语词和概念。开发"我和我的学生"的地理课程，可以看作是一个项目(project)。这个项目有两个主要目的：一是要成就学生高质量的地理学习；二是要成就高质量的地理教师。地理教师开发"我和我的学生"的课程的过程，严格意义上说，并不是一个全新的开发，而是改编，即改编现行的地理课程，使得地理课程更有时代性，更适配当地的文化，更适应学生的生活。

(1) 开发"我和我的学生"的地理课程的基础。

透彻理解地理学科内容。

地理教师开发地理课程是在最熟悉的学科领域(subject area)内展开。尽管如此，教师仍然必须确认自己对地理学科内容的透彻理解。这种透彻理解包括三个方面：第一方面是能够确认并解释地理学科的关键概念和技能；第二方面是了解地理学科的全部知识和细节；第三方面是熟悉地理教育教学方法。而这三个方面并不是很容易就能做到的，这需要广泛的阅读、富含自己想法的写作，以及亲自动手做的体验。阅读、写作和动手做具体包括：一是尽可能多地收集国内外地理学科的教科书和大纲(课程标准)。二是涉猎《论地理科学》(钱学森等著)、《重新发现地理学》以及《地理教育国际宪章》等，这有助于教师了解地理学科是怎么回事，地理教育可以做什么以及能做好什么，并获得对地理学科核心概念的了解和把握，尤其是对地理课程的教育价值有所明晰。三是了解学生在开始地理课程学习之前，已经学到了什么，学到了什么程度(这可以通过和学生的交流、适当的检测等方法获得)。四是与其他地理教师交流，获得那些能够激发学生地理学习兴趣的主题、内容、活动以及各种参考资料。五是了解学生学习的重要本能及其表现(这方面，建议阅读弗洛伊德、杜威等的书籍)。这些本能的冲动，只有在教师恰当的引导下才能转化为地理学习动机。六是了解教育、教学在学生发展中起到的作用，教学可以做什么和能做什么(这方面建议阅读维果茨基的《思维与语言》，让教学在

① [美]乔治·J.波斯纳，艾伦·N.鲁德尼茨基.课程设计：教师课程开发指南[M].赵中建，等译.上海：华东师范大学出版社，2003.

学生的最近发展区着力)。

保持与国家"地理课程标准"的一致。

开发"我和我的学生"的地理课程,有一点特别重要,即保持与国家地理课程标准的一致。这种保持一致,并不与"开发'我和我的学生'的地理课程"相矛盾。这是因为,一方面,地理课程标准只是提供了指南和一些检验点,明确了课程涉及的内容的程度以及一些"教学建议"(零星的教学策略)。另一方面,地理课程标准没有提供教学中一定会遇到的一些问题的答案。比如,一是没有具体年级、学段等序列上的地理学习的水平程度;二是没有说明这些地理学习内容应该如何组织,更不会告诉教师每一节地理课应该怎么上,这些课如何组织成单元,这些单元又如何采用一定的组织方式组成完整的、连续的、一贯的、有趣的地理课程;三是没有规定教师用来教授特定内容的系统及有效的教学策略(事实上这也不能做到,教师不同、学生不同,采用的教学策略或者方法当然就不一样)。保持与国家地理课程标准的一致,意味着开发出来的地理课程必须涵盖地理课程标准所明确说明的检验点。将这些检验点进行细化、序列化,就是开发的过程,就是创新的过程。更为重要的是,这就是教师的教学工作、研究工作的价值所在。教师不可能也不要期待别人来替代自己做这些事情。

(2) 开发"我和我的学生"的地理课程的程序与方法。

开发"我和我的学生"的地理课程,以下的程序和方法可供借鉴。但是不必要过分小心翼翼地完全按照这种线性方式展开。如果仔细阅读了这些步骤(如图 2 - 4 所示),你会发现,这些建议性的每一个步骤,并不完全是寄希望于"毕其功于一役"的,而是充分考虑到"反复"的存在及其合理性。如果教师尝试了这种改编的方式,将更容易进入并着手进行那些或者与地理课程相关,或者不相关的"校本课程开发"的领域。比如"基于乡土的综合课程",这个综合课程领域,可以减少课程分裂的弊端和缺陷,追求"以主题贯穿",导向学生体验和感悟,是一种偏重发现学习方式的全新境界。综合课程领域的学习是跨学科的学习,可以将阅读、写作、数学、科学、历史、艺术等联系起来,可以平衡书本学习(获得间接经验)和活动学习(获得直接经验)。

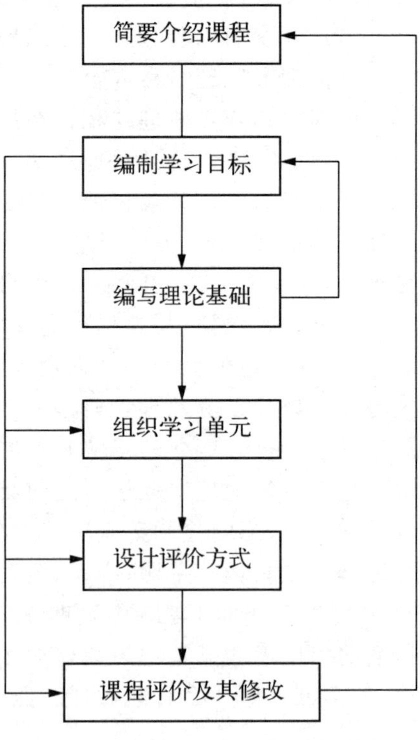

图 2 - 4 学校课程开发的一般程序

简要介绍课程是详细梳理教师本人关于拟开

发课程的最初想法。以下简要介绍课程的几个关键方面。

第一，用目录单的方式，记录教师关于拟开发课程的想法。这些想法，可以来自以往的教学经验与教训，也可以来自教师本身受到的一些启发。记录这些想法，就是进行课程开发的起点。这些想法，可以循着这样的顺序展开：课程的名称、目标、如何能证明学生达到了学习目标等等。

第二，用各种图解详细说明教师对课程的初步观点。所谓图解是指能够帮助人们发展观点、发现这些观点之间内在联系的图形。图解是个工具，它包括：网状图、比较/对照模型、连续统一体、问题/方法纲要、循环图、因果关系图等。一般来说，用图形思考容易让想法变得清晰和直观。

第三，为课程拟定标题。这个标题可以是新颖有创造性的，也可以是传统的。设想一个标题的最好办法，就是看看初步观点的目录是否有一合适的标题。为尚未完全具体的观点拟定标题的另一个方法是，考虑这些观点是不是内在一致的，这是对部分与整体之间相互关系的诸多思考中的第一步，是给出课程的最初重点。

介绍课程之后，我们需要编制学习目标。教师在编制学习目标时，主要应注意以下内容：预期学习结果，编制中心问题，系统整理概念和术语。

列出预期学习结果并对其分类。清楚地表达目标有时比目标本身的可实现性还要有用。只有对课程的预期学习结果进行了有效的分类，才能给予课程明确的方向。分类过程中，如果一个预期学习结果不能被纯粹地放进哪一个类目，就要建一个综合的类目。更重要的是，各种预期学习结果必须要做好平衡：弥补空白点、减少冗余以及确立主导。

编制与预期学习结果一致的中心问题。中心问题是描述课程的"心脏"，有时候也称为"实质性问题"。考虑中心问题有助于确定中心的或整体的课程主题。

系统整理重要概念和术语。这些概念和术语包括，一是所有预期学习结果所涉及的，二是教师认为体现了要学生理解主要思想的。所谓系统，就是要让这些重要概念和术语之间的关系是清晰的。这个阶段，教师首先需要确认是不是已经清楚地描述了主要关系。其次是在仍能有效表达最重要关系的前提下，这个图能否简化。再次是用叙事的方式编写一个故事，来表现课程的主题或课程中主要观点之间的相互关系。故事，是人类表达对世界理解的一种途径(布鲁纳语)。

这样，在本阶段就拥有一张预期的学习结果的列表、一系列关键问题、一个或更多的流程图，还有一个或更多的概念图。它们合在一起就代表着课程要求学生掌握的技能和知识及其内在的联系。它们将影响到教学材料的选择、教学策略的设计、评价技术的形成甚至是实际的教学进程。

在编制学习目标后，我们要关注编写理论基础，组织学习单元，设计评价方式这三个维度。

编写理论基础。所谓课程理论基础，就是要回答课程内容的合理性，学习方法和步骤的合理性,“学习目标、学习内容、学习方法(活动)”的内在一致性等问题。这种合理性,可以从“个人·社会”、教育机构的社会职责、社会目标、对学习者当下和未来的需要的满足、学科内容的效用(学科内容在学习者哪个方面是有用的,有用到什么程度)等角度展开。此外,编制好了课程理论基础后,还需要根据它来重新界定前面所列出的预期学习结果。

组织学习单元。第一,注意教学单元的特征。包括教学单元内部的各内容要具有内在联系,是个整体;在一定范围内,每个单元应该是可以控制的;尽可能将多样的预期学习结果整合在一个教学单元中,即教学单元所涵盖的预期学习结果要尽可能多样,但是如果在课程中,某一个基本的思想观念或技能特别重要,也可以单独作为一个单元。第二,列出每个学习单元的重心。这个重心是教学重点内容(预期学习结果)及其实现的活动方式、学习策略的总和。预期学习结果指明了学习经验的方向,教学重心则是学习经验的焦点。教学重心,既要考虑学生当下学习的需要,更要兼顾将来的需要,而且两者不可以偏废。这个步骤是:简单列出每个学习单元或整个课程可能的教学重心,对可能的教学重心进行分类,为每个教学单元选择合适的教学重心。选择教学重心时,有这样几个标准:最适合预期学习结果的;最适合学生的学习能力的;最可能激发学习动机的;最可行的。第三,组织学习单元的策略。在进行学习单元组织时,首先要给每个学习单元命名。其思路可以是循着“世界是怎样的—人们是如何认识的—这些知识是怎么产生的—如何学习—学习了有什么用和怎么用”或者“世界是什么—世界好不好”的方式进行。

组织学习单元的方法:使用一份范围和序列表框架。具体来说就是,首先在一张白纸的顶部沿横轴标明课程的范围,注明主题、概念、总的教学重心,以及有关中心问题的教育目标;为每个学习单元起草一个简单的描述,介绍单元逻辑体系,即单元的内容是什么,重要性何在,怎样依托上一个单元和衔接下一个单元;依照逻辑体系重新思考整个学习单元组织计划,检查其内部连贯性和综合性;在完成的学习单元中添加任何在此之前没有想到的预期学习结果。

设计评价方式。第一,如果一个或多个要优先考虑的预期学习结果是认知方面的,写下它们的两个或多个可观察的行为,这些行为将作为学生掌握了这些知识和技能的证据。第二,根据课程的教育目标,回顾主要的预期学习结果,设计出一套真实性评价技术,进而收集学生将所学知识用于解决真实情形下的问题的表现证据。第三,检查课程中计划好的学生与学生以及教师与学生间的交互、教学要点、课程单元的组织以及课程制度的背景。列出预期以外的不利因素,教师或课程设计者在具体教学中就要特别注意预防这些方面。

课程评价及其修改。收集所有能收集的证据;检查预期学习结果;检查课程组织;检查针对预期学习结果的整体教学策略;检查具体教学过程。用收集来的证据思考课程的组成部分,尤其是理论基础与一般教学策略、预期学习结果与教学重心、单元组织与预期学习结果等，以及这些因素是如何联系在一起的。探讨有没有副成效或预期以外的学习比课程的既定目标更具意义，是什么导致这一现象的，对课程进行系统的整改而不是重新修订的好处是什么，什么样的信息将会让你放弃原有的整个课程等问题。

以上是对课程、对教学所展开的行动研究，一次行动后，需要进行反思，需要作出评价，需要加以改进。

从计划性的课程二次开发，到实施中的调整改善，以时间为轴，设计和记录"关键问题、知识内容、必备技能、评价方式"的课程地图，则是比较简便而有效的方式——纵向衔接、横向贯通。①

三、课程实施：从"主观认为"到"循证改进"

课程的实施过程，首先是课程计划（方案）的现实化过程。学校所实施的国家课程方案，是基于国家意志、专家视角的，是对人才规格的规定，是对课程理念的说明，是给出课程结构。如何走向现实？在于实践。其次，课程方案是宏观的规划设计，实施的过程需要补充、细化，甚至是调整。这就需要课程实施者遵循其精神，得其要领，在"细化设计、校本行动"中创新。而在调整的过程中，需要谨慎理性，对其原因、过程和结果加以仔细的辨别，验证其内在的因果关系，即所谓"循证改进"。最后，学校中的课程实施，是教和学的统一，是特定的学生和具体的教师相遇的过程，是学生学习过程的真实展开、学习结果的事实获得。

下文将首先从课程实施的一般特性开始，然后将课程实施看成是一个行动，推衍出其过程中的"发现之旅"的含义和要求，进一步说明这种发现之旅的目标、路径和方法。

1. 课程实施的一般特征

课程的实施，充满着计划性，体现着变化性。计划性主要体现在课程目标的预先设定，课程内容和活动方式的预先规划，以及课程资源的系统整理上。变化性则是由于课程实施中的人的相互作用，每一个学习者的学习过程和结果都不尽相同。假如将课程实施看成是旅程，旅程的路线是大致确定的，这包括其中的驿站（关键点和检验点），但是旅程的体验则更多是变化的。甚至在实施的过程中，人们还会对具体的线路进行调整。

尽管课程有其规律的存在，但是由于相互作用的诸多因素，偶然性就成了其要义之一。如果将课程实施的教学看成是人们的对话和交流，那么这种交流的特质和对话的本义就揭示了其中的偶然。同时，课程的诸多要素自身处于变化之中，偶然性成为课程实施中的过程特性之一。偶然造就一切，偶然中又蕴含了必然性。"偶然性"提示人们在现场解决问题，考虑现场的情境和场域，考虑现场中每个个体的视界，并寻求视界的

① [美]海迪·海斯·雅克布斯. 课程地图：展现实践成果与省思[M]. 卢美贵，等译. 台北：心理出版社，2008.

融合。

课程实施，不同于人们造就一件物品，由于课程实施者进行课程实施的时候具有“反身性”，这就形成了课程实施的复杂性。课程实施中，最重要的因素是人。每个人身处其中，通过相互作用：一是构建自己的知识体系、能力结构；二是发展自己的情感倾向，逐渐养成自己的价值观；三是在相互的关系中构建自己的身份，并体会到自我的存在。这种课程的实施就成了认知性实践、社会性实践和伦理性实践的统一体。

2. 作为“旅程”的课堂进展

课堂，时间流淌，如逝去之水，这是旅程，也是场域。奔腾之水中，有主流，有支流，也有漩涡。每条支流皆携带着自己的个性和品行，汇聚而来，各自有着独特背景。在这个场域中，相互作用，相互包容，塑造着各自的新生。这个旅程，有着路线，或明或暗。

假如将课堂之旅的路线作为一个考察对象，先从路线本身来看，由于目的不同，路线的选择就有差异：比如购物，从出发地到目的地，可能会选择耗时最少或者距离最近的，将直奔目的地而去；而如果是游览，并不在意时间，也不在意距离，人们在意的是过程中是否能看到美景，在意是否选择了最佳观景角度，或者说在意观景过程中的内心享受。

课堂之旅，如同购物，还是游览？如果课堂的目的在于掌握各种知识和技能，就应该选择最简洁的、最便捷的线路。如果课堂的目的在于相互作用过程中的思想发展、心智成熟，则需要如同游览般的路线，中间少不得迂回曲折和回头张望。因为，其目的就蕴含在过程之中。游览的目的并不在于具体到达哪个目的地，而是过程中的体验、感悟、吸收信息、操作活动以及内化和提升。

课堂的路线，需要考虑起点、目的、怎么到达、是否到达。

起点在哪里？学生原先的知识储备、技能状况、情意倾向，教师如何得知？

目的在哪里？从课程标准中来。但是，课程标准中外显行为表达是属于“任务完成”或者“问题解决”类的，是课程实施后的终极状况。中间的过程细节和旅程中的“驿站”并没有能够完全刻画，特别是缺乏关键细节的陈述。由此，根据课程目标，确立“驿站”“关键细节”就成了设计课堂之旅的重要内容。教学目标的分类标准和方法也多矣，喜欢哪种，为什么？哪种分类的体系更便于课堂操作？

因为目的和目标不同，教师可以选择的方法和具体线路就有很大差异：可以由索道而上，也可以拾级而上。这一部分可以参照对于“学习结果、内部过程、教学事件、教学技巧”等的辨析。

是否达成课堂目标？这需要加以评估。可以采用观察法，也可以用检测的手段。观察需要观察计划、实施和结果分析。检测需要明晰目标、研制工具，并分析结果。评估是否达成课堂之旅的目标，既是一堂课的结束，更是下节课的开始。

3. “旅程”中的发现

以上诸多课程实施的性质，呼吁课程实施成为发现之旅。

将课程实施看成一个行动，这个行动的逻辑线索是：现象（叙述）—事实（揭示）—问题（析出、命名）—分析问题（形成解决问题的框架）和解决问题的方案（决策）—实施和调整（行动）。这个过程中，“我认为”就显得有点不讲道理，“我发现”则是富有理性光芒又不失感性之辉的“灵动”。

“我认为”的基点在哪里？从日常来看，人们似乎不需要也找不到“认为”的基点所在，因此课程实施就充斥着成人的“自以为是”，使得“教育这一冒险之旅”更多了盲目和无序。

“我发现”，连接着“我怎么发现的”与“这种发现有什么意义”两端。“怎么发现”需要借助各种手段加以观察，其核心是“现象”。现象是什么？回到现象自身，让现象自己说话。“发现了什么”需要基于现象，对现象进行解释。由于主体的不同，这个解释的过程和结果自然也就有差异。对这一差异的关注，使教师可以更多地理解教育的复杂。“这种发现有什么意义”，说明了解释结果对行动决策的指示。

4. 有待发现的内容

有待发现的内容有如下一些：

第一，所规划的课程，是否具有完整性？这个完整性，一是课程的学科逻辑和学习过程逻辑是否有完美的协调。二是课程是否涵盖了课程纲要（或课程标准）所规定的所有关键点和检验点。三是课程是否在促进学生特殊学习能力上做到螺旋上升。四是课程展开的节奏和进度是否如同预期。

第二，所规划的课程，其各单元是否具有内部一致性？所谓各单元的内部一致性，一是要回答每个单元的重心所在，这个重心，应当是和学科背景中的基本问题相互关联的，是重点和难点内容。二是这些重心将在核心问题、分解问题和具体问题上得到一贯的体现。三是每个单元是否包含了尽可能多样的学习结果。

第三，所规划的课程中，各学习活动的目标指向性如何？这里将课程实施中学习者所展开的学习活动作为主要内容。学习者进行的学习活动，其过程与结果、内部与外部等是否均指向课程本身所期望的，是课程实施中必须回答的问题，这也是保证课程实施的有效性的关键环节。

第四，学生是如何真正展开这些学习活动的？他们是否遭遇障碍？这些障碍哪些是先前估计到的，哪些是没有估计到的？这些困难和障碍是否得到解决，是如何解决的，解决的效果如何？

第五，学习过程中，每个学习者的学习结果是否得到妥当的评价和反馈？

这些发现将系统地告诉人们，“学习者是如何经验课程的”“学习者到底学到了什么”。这样的发现将最大程度上为课程评价提供材料。

人们彼此倾听，相互启发着发展自己的思想，这个过程就是享受。教师需要发现这样的乐趣。发现其背后所存在的逻辑，并加以解释。发现学生真实展开的学习，并用作后续行动的决策依据。

5. 课程的展开与学习中的生成——以基于一张图的深入讨论为例

学习者除了展示如何经验课程，还能在“课程创生”“共建课程”上发挥更大的作用。学习中，思想的形成、理解的深入和视野的拓展，很大程度上在于师生双方在各自有所准备的基础上进行对话和交流。下面以一个小的“点”为例，这个点从表现上看是一张图，从学习目标来看是理解“人口容量”和“人口合理容量”的区别。

（1）学习活动的展开过程：不同班级的讨论路径有差异。2009 年 2 月 20 日上午第 3 节课，在高一(1)班的课堂实践：

看图说话：下图反映人口增长、人口发展、环境承载力的相互关系，请看图（注：采用的是板图方式）判断并分析。

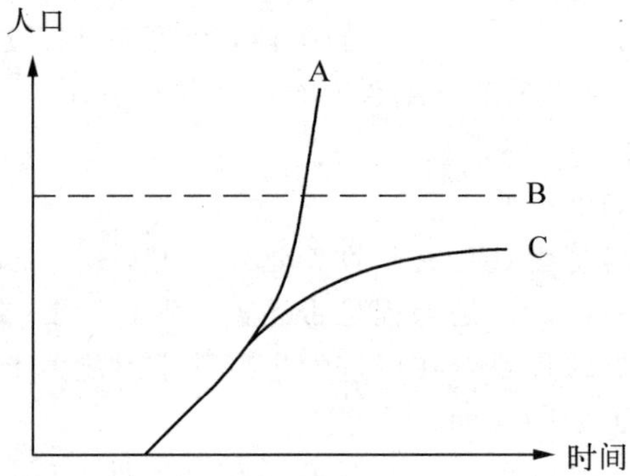

图 2－5

生 1：无控制的人口增长会使人口数量超过环境可承载的人口容量；合理人口容量要控制在环境可承载的人口容量之下。

师评：一种综合归纳以后的结论。提示：图中 A、B、C 各代表什么？

生 2：A 代表无控制的人口增长；B 代表环境人口容量；C 代表合理的人口增长方式。

师评：很好，一种细致化阅读图的方式。两位同学的发言顺序可以颠倒一下，先从图上各内容的含义入手，然后得出综合结论。提示：就此图还可以挖掘哪些内容？

生 3：假如人口不加以控制，随着基数的增大，则会迅速超过环境人口容量，因此应早控制。

师评：很好，你的意思是要关注 A、C，A、B 线的两两交点，是吗？很好，注意到了交点，这也是焦点！除了点之外，在线上可以挖掘出哪些内容？（教师在图上操作）

生 3：这个转折点也取决于人们的认识状况。

师评：我想是的。

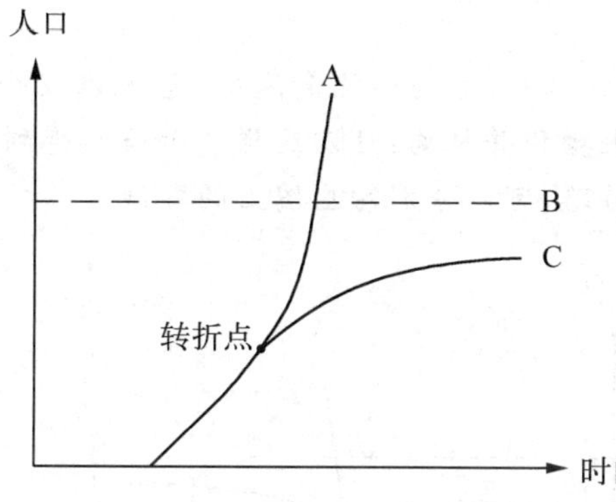

图 2-6

生 4:可以看 B 线,即环境人口容量。在特定的时间和条件下,这个数值是相对确定的。而且影响它的因素很多。

师评:是的,只有相对确定,讨论才有意义。尽管不同的专家估计的数值有差异,但是我们必须认同这是个相对确定的数量,那么,影响其数值大小的因素有哪些?可关注教材图所反映的木桶理论。

生 5:主要因素是资源。

生 6:不同的气候等条件也有影响。

师评:是的,在这里,资源可以理解为矿产资源、气候资源、森林资源等。而且根据木桶理论,环境可承载的人口容量取决于"木桶的短板"。还有其他因素吗?

生 7:科技。

师追问:科技水平会怎样影响该值的大小?

生 7:科技水平越高,则该值越大。

师提示:还有其他影响因素吗?

生 8:生活和文化消费水平。

师评:是的,这是教材上的说法。是否可以用"消费"来概括?即物质消费和文化消费。毫无疑问,物质消费,特别是人均消费高,这个值就会变小。至于文化消费可能就比较复杂了,人是群居动物,但是需要有独享空间。仅仅从空间这一个角度,就可以体会"孤单和拥挤"。还有其他因素吗?

生 9:经济增长方式。

师评:很有意思,我补充一下,经济增长方式,至少可以分为粗放型和集约型两种。所谓粗放,主要是靠消耗资源的方式来取得经济增长;而集约有劳动密集、技术和资金密集两种。我们可以认为,经济增长方式是对"资源"与"科技"两个因素的综合考虑。很好!请继续。

生 10:控制人口增长的方式,似乎还有不同的样式,关键选择在什么时候开始，控制到什么程度。

师评：好的，你关注到C，是吗？就是乐观、悲观以及介于两者之间的第三种，是吗？（教师进行图上操作并征询：可以这样表示吗？得到肯定的答复后，继续问）乐观、悲观或者中间道路，可以分别对应图上的各线。

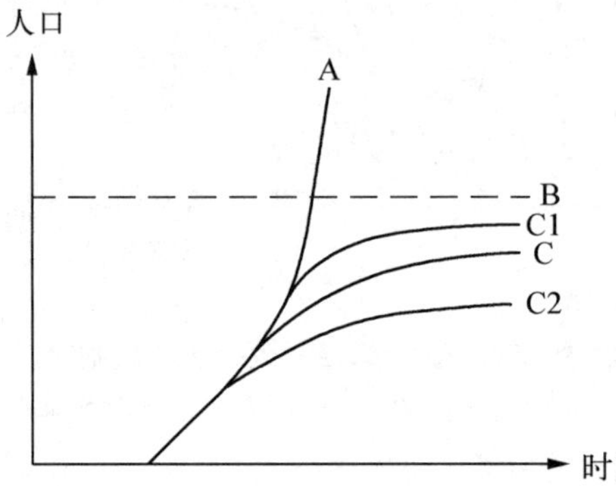

图 2－7

教师：讨论到目前，我觉得非常有意思。不过，我还想补充一些内容。第一，人类社会的分配方式也会在一定程度上影响环境承载量。同时，还可以引入一个新的概念——“生态足迹”，用来研究人们物质消费的人均量，并可以对某些国家的物质消费状况进行评价。（补充生态足迹的概念含义和初步以其作为分析视角的例子）

小结：我想提醒的是，该图似乎可以作为第一章的总结。

学生点头，分析和讨论告一段落。

下午第1节课，在高一（5）班：

除了以上所提到的问题和大致流程之外，课堂讨论还生发了一些新的问题。

第一，人口的无节制增长。其中1979年8月5日《光明日报》首次提出“错批1人，多增3亿”，这样的判断是否正确？20世纪50年代，马寅初的节制生育、控制人口增长的主张没有被采纳，反而被当作“新马尔萨斯主义”遭到批判。由此是否可以说：没有采纳马的建议而导致我国人口的无节制增长？

其实，主要的原委是有人指出，毛泽东早在1920年开始探索中国革命和中华振兴之路时，就针对生育上的无政府状态和盲目性，指出人口如不控制，“其结局必至于人满为患”①。他强调指出，中国的人口增长，从根本上来说，是由于人口发展规律所致。因为新中国大幅度地改善了人民的生活水平，一是毛泽东领导全国人民解决了中国人的吃饭问题，吃饭问题的解决经过了三个重要步骤：防灾减灾，农田基本建设，改善农业生产技术使中国粮食产量大幅度增加。二是人民能够享受

① 毛泽东. 毛泽东书信选集[M]. 北京：人民出版社，1983.

的医疗卫生水平大幅度提高，到 1978 年，医院、卫生院的数量增加了 18 倍，医生从 42.5 万增加到 103 万，医院、卫生院床位数（万张）从 16.0 增加到 185.6。人均寿命从 35 岁增加到 65 岁。人口死亡率从 1949 年的 20‰降到 7‰。

第二，对图 2－7 转折点的讨论：首先，这个转折点意味着先有思想然后有行动，背后是思想，表现出来的是行动。其次，衍生的问题是，这个转折点的出现，假如是人们同时认识到，但是仅仅是判断的差异，是否会出现如图 2－8 所示的情况。即转折点（开始控制时间）一致，但是由于悲观派、乐观派以及中间派的差异，而出现了实施人口控制的节奏和起点数量（人口基数）的差异。

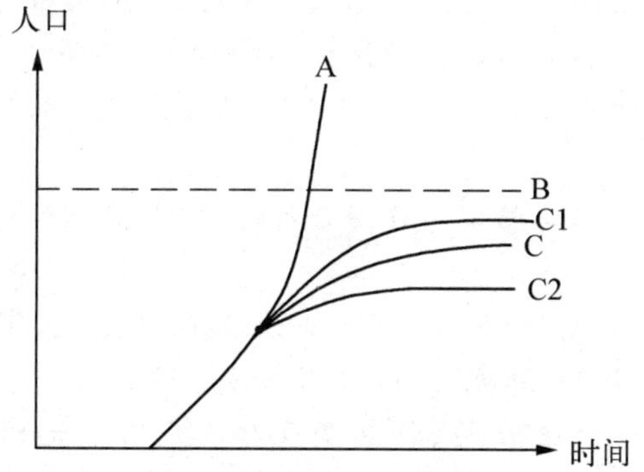

图 2－8

第三，若人口增长超出环境人口容量，可能会怎样？是否如 D 线所示？若是这样，会很可怕。[①]

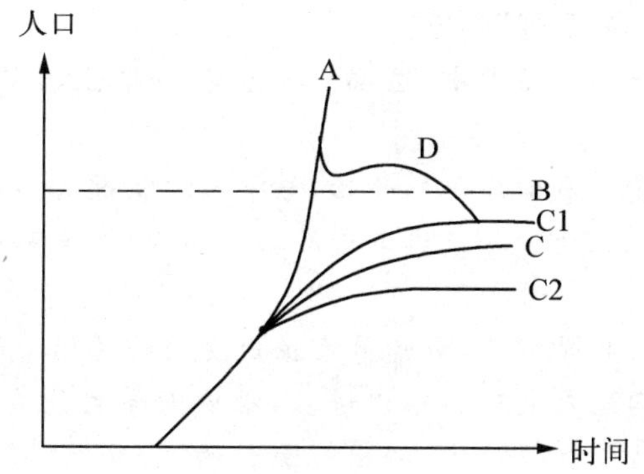

图 2－9

① 在人类历史上，对人口的自发控制和影响往往主要靠“瘟疫”和“战争”两大因素。

(2) 分析和反思学习活动：严慈相济的教师言行很重要。

第一，学生在这个过程中似乎很乐意开动脑筋。其中一个班级被不少教师认为比较“乖”，班上同学发言不太踊跃。但在这节课上，他们表现得十分积极，作为教师的我也很享受这个过程。

第二，教师的期待、容错，及适当的引导，是影响讨论进程氛围融洽与和谐的重要因素之一。

第三，任务本身的适当开放性，可以使得学生处于理性和智慧遭遇挑战的状态。

第四，单纯看以上文字，不能看到学生的表情，不能感受教师的非言语的肢体语言。课堂学习活动的那个“场面”“氛围”等反映的“思维外显”“情绪波动”无法记录。为此，视频的方式记录，适当的访谈，教师的反思而成的“视频案例”只有在这个情况下才变得非常有必要，也可以用播客的方式来传播、分享并展开更为深入的讨论。

第五，有人提出，用电脑现场绘图是否可以，或者先设计好，然后用电脑在现场分步呈现如何。

我的回答是：在电脑上的操作是比较细致的活儿，我不能分心。而板图时，我可以做到画图自动化，一边画，一边说话交流。这是其一。其二，我不可能在课前设计(预想)到学生的所有反应，特别是这些反应所发生的顺序。人是最重要的。即使内容相同，但是对学生产生的影响不同。他们很关注自己对课堂进程的影响。今天在高一(1)班，为了打开他们的思路，我对前四位学生的回答进行总结的时候，试图将观点和人进行对号，对应错了一个，那孩子就不乐意了，说：“老师，那是我说的！”我回以微笑，并回答：“抱歉！”是的，必须尊重学生在课堂上的“原创性”发现，也倡导在课堂上的“原创性”学习。

需要强调指出的是，课堂中，思维需要连贯，课堂上与课堂后也需要连贯，不能出现断点。尤其是思维的断点。

第六，期待课堂在看似简单处开始，每个人均能投入其中，集中智慧于沉思、冥想，露出会心的微笑。处于真正思考着的状态的人，很美丽；会心后的畅然，是课堂上美丽的风景线。

第七，以上这种教学方法，教师最害怕出现的课堂场景的是：设计了任务，提出了思考问题，但是学生却表现为难以进入，很少有学生能真正地产生高级思维，或者他们困顿，或者他们觉得难了，即出现课堂的“冷场”。对此，可能特别需要从很简单的图开始。将教学的起点，尤其是知识起点降低，让学生觉得“我能行，我可以尝试”，达到“跃跃欲试”。

同时，记得我在高一(5)班的课堂上，刚开始热身运动是“瞧瞧沈某人画的板图漂亮不”，并故意走到教室中间，作回头状。有学生说：“是有点漂亮的，你就开始讲吧，用这图做什么？”“好吧，欣赏结束，咱们开始说说任务。”嘿嘿，很有趣的是，竟然有学生说:“是看图说话不?”牛人呐!我说:“你的想法和我一致,具体来说是这样的……”

这种师生持续讨论和挖掘图表内涵的学习方法,其课堂实践的关键点:一是起点把握,二是思维挑战,三是情绪感染,四是教师有等待的耐心。

四、课程评价:从“随意简化”到“回归本质”

课程的评价,要看评价的对象是什么。课程是怎样的,好不好?在于课程评价。通过该课程的修习,学生学到了什么?这是学业评价。这里将对学生的学习状况所进行的评价也纳入课程评价部分中来。严格说来,这应该是课程的重要组成部分。

评价是什么,评价需要做什么,发展性的评价方式和方法何在?秉承这样的逻辑,展开下文。

1. “评价”的基本含义

评价,是个判断过程,这个过程包含事实判定和价值判定。比如测试,就是主考通过一系列的试题组成的试卷(包括答案和评分标准)作用于被考,获得其答案,将其答案与标准答案进行比对,根据评分标准,予以赋分;进而根据这一分数,对被考某一方面的特征进行鉴定的过程。

课程评价,在于说明课程的实施过程是否如同预期,是否有效,是否是好的。这个评价结果用于解释课程的质量状况,用于解释作为课程质量重要保障的教师的工作状况和努力程度,用于决定该课程是否需要调整、如何调整,甚至在校本课程中是否保留。

2. 课程的外部评价不能涵盖全部

以往的评价方式为何说其是随意的?主要由于以下原因。

评价对象的模糊。课程评价,评价的对象应该是这个课程开设的全过程。学业评价,应该是评价学习者在修习这个课程的过程中所获得的发展——经验累积和学力提升。

此外,随意评价还包括评价内容的窄化,比如对分数能表示的东西关注过多,对不能用分数表示的内容关注很少。评价手段的泛化使用和单一也是一个问题。不仅如此,很多时候,对学生的评价目的并非善意,分数仅仅被用来排名和说明教师教学的能力与水平。还有,评价主体的虚化和评价的导向功能也总是被忽视。

这种情况下,我们需要回归课程评价的本原,即根据评价对象的自身特质决定评价的方式和方法,并对评价结果进行有效的解释和使用。杜绝一刀切,排除简单化,消除评价中过分追求“分数化”的倾向。如何做到?

首先,课程开发者、实施者,在开发过程、实施过程中,要努力搜集证据,说明其是怎样的、是不是好的。叙述开发的过程,说明所开发课程的内部一致性和外部合理性。

然后,是特定的学习者修习课程所获得的体验和发展的学力状况如何。这需要课程给予多维度的关注。课程能否告诉修习者，在某个阶段，他必须通过哪些检验点？“捞分”似乎应该是教育上最容易做到的事情，假如连“分也捞不到、捞得不好”，千万不要奢谈素质教育。

3. 课程评价中的几个维度

课程评价可以从目标设定是否合适、学习活动是否恰当、学习资源是否足够、学业评价是否完备等几个角度来进行。

学习目标的合适性。可以从学习的起点如何、终点如何，这个发展度是否是最优的，是否是最好的等方面来回答。

学习活动的恰当性。学习活动的目标指向如何？组织过程是否足够严密？学习过程是否有足够的乐趣？可以从教学的民主性、学习的主动性、思维的独立性和深刻性、训练的有效性等方面来加以罗列和梳理。

学习资源的充足性。第一，是否进行了精选，能否从选择的过程和结果两个方面加以保证？第二，是否适合不同的学习者以及不同的学习任务？要根据学习者的学习偏好尽可能提供多样类型，学习任务匹配资源非常值得重视，底线是“教材”应得到充分的尊重和利用。第三，这些资源是否足够典型？科学性是基础，说明性要保证，所谓说明性，就是资源必须要能说明想说明的问题。第四，这些资源是否具有可迁移性，即资源自身具有充分的张力，能有一定的示范性，可供在新的情境下加以调用，并具有天然的示范作用？第五，这些资源是否得到妥善运用？堆砌资源，胡乱拼凑，是大忌。

此外，对学生学习过程和结果的评价可以在课程展开的过程中，对平时的作业（作品）情况如何、学习态度怎样、测试的分数如何等多方面加以描摹和进行鉴定。

评价的过程价值远远超过评价的结果价值。评价需要提供对过程进行调整的依据，要对阶段性过程进行及时、有效的反馈。评价过程的协商性、专业性对保证总目标的达成大有裨益。

评价的终极目的是为着改善，尤其是课程评价或者是学生的学业评价。

4. 关注教育真实评定的结果和解释

所谓教育真实评定[①]是为描述教育状况、测量学术能力倾向、检查目标达成以及教学改进所进行的对教学计划、教学质量以及它们导致的结果的判定。

对评定的数据要全面搜集。如原始分数，这是与参考答案之间的比对；在班级的位次，这是看面临同样的试题，与同伴的比较状况（将教学看作控制变量）；扣分在哪里，得分在哪里。

数据解释，即从测试的数据出发，寻找哪些项目与之关联。有的失分，是因为表述得不规范，这说明概念掌握上存在缺陷；有的失分是因为计算错误，这说明计算技能不够娴熟；有的失分是因为忽略了已知条件，这是解题思路不清晰；有的扣分是因为未能

① [美]艾斯纳. 教育想象：学校课程设计与评价[M]. 李雁冰，译. 北京：教育科学出版社，2008.

寻找到解题的办法，这是因为解题策略的缺失；有的失分是因为记忆模糊，并不能有效地再现信息。

得到解释的数据，即信息，还有必要进一步找到产生这些问题（现象）的原因——学习品质缺陷，学习策略不够灵活，学习工具欠缺等。这是诊断，也是发现意义，是构建属于自己的学习方法知识体系（工具库、程序表）。

构建了有关学习策略（方法体系），这依然是在“知”的层面，如何发展到进行观察、操作、思维的层面？如何在后续的学习行为中保有好的品质，弥补差异（缺失），提升那些不够优秀的品质？这是行的层面，也是学习行为优化的过程。

五、课程管理：从“集权包办”到“按需赋权”

学习权是学生的，教学权是教师的。学习权被教师把持着，学生成了学习的奴隶。教学权被学校把持着，教师成了教学的奴隶。教育教学中，“包办”是现象，“集权”是其内在的机制。为何要“按需赋权”，如何做，做到什么程度？秉承这个逻辑展开下文。

1. 为什么需要“赋权”

为什么用赋权，而不是分权？

过去，不恰当地进行了“集权”，现在是个“赋予权利主体以应得的权利”的时代，用“还”似乎更恰当些，但是“还”具有现实的操作上的困难，因此，用“赋权”更好些。谁曾经将那些权利不恰当地集中起来过，现在由他来赋予权利主体。

人们在做着自己位置上的事情，享受合适的权利并承担相应的责任。需要做什么事情，这个事情的完成需要怎样的权力？对这件事情的完成必须承担多少和什么责任就成了权和责的对应，并成为统一体。责任意识、使命意识，在赋权的过程中需要加以强化。

2. 课程之权

国家课程是否开设，这不是学校说了算的事情。但是怎样在国家课程所规定的修习时间、修习方式的框架内，保证课程的连贯性和一致性，是学校要做的。对于学校而言，这也不是“良心”的问题，而是课程法规的意识和执行问题。学校，在这一块，可以也应该做的事情，就是有序地、科学地开设课程。

国家课程的开设质量如何？其底线是学校需要加以保障的。但是最高到什么程度，是各学科课程的执行者——教师要着力思考并予以满意回答的。教师的专业自觉、专业自主，在这里需要彰显，并有力地突出出来。

校本课程开设什么，如何开设？这是学校最具有自主权的事情。但这并不意味着不需要周详考虑。学校的办学哲学是什么？办学特色是什么？如何将国家课程的二次开发进行得顺畅，是否需要校本课程来完善和补充？学校自行开发的课程如何？引进或者改编的课程如何在学校层面上得以统整？

学校具有课程领导权。这个权在什么范畴内实施？如何实施？有人对“领导”进行了分解:引领方向,指导方法。此外,可能还需要有场地保证、经费保障等。在此过程中,能为教师切实地提供专业培训、搭建专业发展平台等将赋予学校课程领导以更优良的品质。

课程,在学校层面上需要决定:开哪些课程,开设的这些课程是否满足了国家的相关法律法规的规定性;在什么时候开设什么课程;学校课程的整体结构如何,这些结构自身是不是优良的;这个结构是否使得课程具有其相应的功能,这个结构所包括的时间序列和内容序列是否得到恰当的安排;这些课程的责任主体是谁,是否匹配了相应的准入制度、运行制度、退出制度以及责任追究制度。

3. 教师的课程权

教师的课程权和责任。

这包括教师对国家课程的二度开发权,课程实施过程的监控权,为不断提高课程质量而需要的课程质量评价权,对学生修习该门课程状况的评价权,要求获得课程开设所必须的物质、环境的保障的权利,以及蕴含于其中的专业发展权。

教师在这里有必要回答是怎么规划课程的,这个规划过程是否符合学生发展的需要,是否符合教师自身的特质;是怎么实施课程的,过程如何,结果如何;学生是怎么修习的,进行了怎样的评价;该课程的质量是不是好的。

4. 学习权

学校的课程使命和领导、教师的课程权和责任,最终是要落实到保障学生的学习权上。

学生的学习权有哪些? 1985 年联合国教育、科学及文化组织(UNESCO)第四次国际成人教育会议的宣言中,特别强调学习权的概念,并对学习权的内容提出了具体的界定:学习权是阅读和写字,提出问题与思考问题,想象和创造,了解人的环境和编写历史,接受教育信息,发展个人和团体技能的权利。由此观之,学习权是以个人为主体,通过适当的学习情境和学习活动,充分发展个人潜能,以记录历史、创造历史的一种基本人权。教育是实现学习权的具体途径,从保障及实现学习权的观点来看,教育的政策、教育的制度、教育的组织及人员以及教育的内容与方法都必须以学习者为出发点,以迈向终身学习社会为最终目标。就教育政策而言,政府必须确保每一位国民受教育的机会一律均等;就教育制度而言,政府必须设置足够的学校数量,以及规划充足的升学通道,使人人都有机会接受各级教育;就教育组织及人员而言,教育行政单位及学校必须不断地进行组织再造,提供有效能及有效率的服务;就教育的内容与方法而言,教师必须不断改进教材教法,为学生提供最佳的学习环境。最后,整体社会必须是一个永续成长的学习型社会,为个人提供适性发展的终身学习环境。

为保证学生的学习权,教学者要营造奖励"努力"的氛围。

学生,要对自己所选择的学习方式和学习中的努力程度负责。只是,学校要用选择课程以及修习课程的规定等方式加以指导,并逐渐开发出"高质量学习计划"或者"有个性的课程修习计划”，做到因材施教。

享有权利，就意味着承担责任。职位、权利（权力）、责任本是个整体。教师之职，越来越多地在课堂上表现为鼓励思考、激发思维。但是从课程的角度，则需要履行更多的职责：课程的规划、实施和评价全程。

赋权意味着每人做好自己的事情；每件有价值、有意义的事情有合适的人在努力做得正确、做得好；赋权还意味着上下之间同时给予对方以压力和支持，并持续地进行协商和沟通。

5. 对国家课程教材的二度开发①

以下以地理课程为例说明。

二度开发是工程学上的一个术语，可以认为是“工程化”设计，其基本特点是需要较少的物质投入，但需要更多的智慧性劳动。教师对地理教材进行二度开发需要教育实践智慧。这种开发更强调针对特定对象的可操作性，经过二度开发的地理教材应该更实用、更可靠、更有效、更精细、更友好和更人性化。尽管说教学就是教师对教材的二度开发，但是在实践中如何更有效地进行二度开发，有怎样的方式和方法却是困扰很多教师的普遍问题。为此，下面从四个方面提出对地理教材进行二度开发的策略和具体方法。

（1）分析现有的教材——解读和理解

教师对现有的地理教材进行分析，解读教学内容的本义，理解编者的意图，既是教学设计的重要前提，也是进行教材二度开发的重要基础。这种分析的基本程序和具体方法如下：

内容系统分析。其主要目的是理清教学内容的内在关系，教师自我构建出知识系统。可以采用概念图的方法。

教材结构分析。一般而言，地理教材总是包括三大系统，即文字系统、图像系统和作业系统。对于教材的三大系统，既需要分别分析其各自的目的、功能和呈现方式，也需要从整体上分析其相互之间的关联。采用的主要方法是尝试和编写者进行对话，这种对话可以是基于文本的，也可以是面对面的。

对照课标分析。现在是“一纲多本”的时代，但是无论哪个版本的教材，它们均是基于同一个地理课程标准。因此分析教材对“课标”的理解和落实情况就很必要。这个阶段的分析，需要有些批判精神，甚至可以从其反面设问“落实了没有”“这样落实是不是最好的”“是否存在其他的可供选择的方式”等。但是所有追问的解答必须是基于地理课程标准的。

各版本对比分析。首先可以以某个特定的教学内容为例，采用对比分析的方法对多版本教材进行“解剖麻雀”的工作，这既可以获得教学设计的启示，也可以把握好二度开发的方向。

教育价值观照。地理学科必须承担其在基础教育阶段的教育价值。为此，各教学

---

① 沈斌. 如何对地理教材进行二度开发[J]. 地理教育，2008(5).

内容及其学习程度在学生发展中的作用(教育价值)、学科中的作用(学科价值)均需要教师了然于胸。

(2) 心理化改造教材——师本的教材

所谓心理化改造教材,就是要努力让教材成为地理学科逻辑和学习心理逻辑的统一体。这种心理化改造更多的是基于地理课程标准的,基于教师对地理学科逻辑和学生地理学习心理逻辑的把握,其实质还是一种师本地理教材。地理学科的逻辑有哪些?对于是什么、在哪里、为什么在那里、空间结构如何、人们如何应对等问题的回答就是地理学科的重要逻辑。所谓学习心理逻辑,就是最符合学生学习心理需求的,最有利于学生展开学习的安排。当学生在使用现有教材进行学习的过程中遇到太多困难的时候,就需要改造了。这种改造首先要考虑的就是心理化改造。

对地理教材进行心理化改造,其重要思想是"由近及远"(比如基于乡土学习地理)、"由此及彼"(比如由生活经验开始到地理科学的学习)。其目标是三维(知、能、情意)一体,两结构(学科逻辑、心理逻辑)融合。(所谓三维一体如图 2-10 所示)

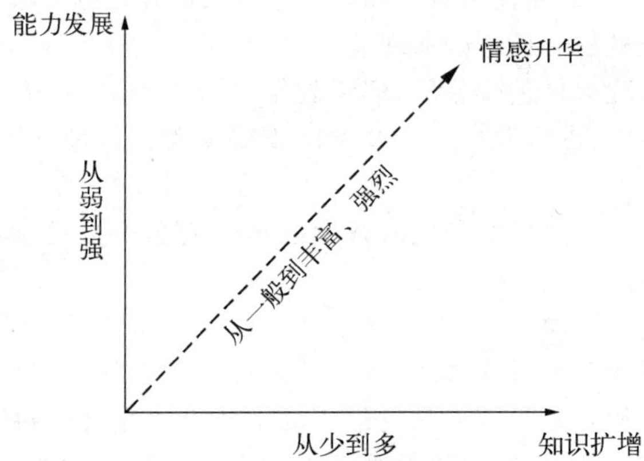

图 2-10 心理化改造课程的一般方法

所谓两结构融合,就是地理学科逻辑结构和心理逻辑结构的融合。对地理学科的逻辑结构的具体把握可以尝试回答以下问题。比如,有哪些地理事实性材料,地理事物特征,概念、规律、原理?有哪些地理能力?有哪些地理技能(操作性步骤是否严格)?有哪些层次的地理情感?情意领域的目标层次中,地理学科内容结合进去有哪些具体表现?兴趣—乐趣—志趣?好奇—浅层次满足—高层次满足?而对于心理逻辑结构的把握则可以重点考虑学生的知识、能力、情意原有水平和在教师的指导下可达成的水平的差异,以及怎样的教育活动安排可以达成两个方面。从时间尺度上看,既可以是以一堂课为单位,也可以以一个阶段为单位。一方面对现有教材进行分析,另一方面基于课程标准,把握好"三维一体,两结构融合",就可以对现有教材进行心理化改造了。其具体方法有活动化、问题化、任务化、情景化、本土化、经验化等。

（3）学生经验的教材——生本的教材

学生从课堂中经验（领悟）的课程（学），同教师在课堂中的实施（教）难免存在一定的差距。了解这种差异，有助于教与学的沟通。调查并研究“学生经验的课程”是地理教师专业化过程中最切合实际的专业训练，也将使教师从中得到最能体现教师专业特点的专业修养，进而形成生本的地理教材。

形成学生经验的教材，需要教师进行调查。调查的主要线索有：① 从学生提出的“问题”，特别是非故意的“怪问题”中，发现学生理解教材（某种知识、某个问题）的视角与教材本身、教师视角的区别。② 从学生对某问题的答案中，发现学生对这个问题的认识与教师认知的区别。③ 从学生的作业或试卷中，发现他们对某个知识、某种问题的理解与教师理解的区别。④ 从学生不经意的谈话中流露出的对某个知识、某种问题的理解中，发现他们的理解与教师理解的区别。⑤ 从学生对同一个人、同一件事情（身边的人与事，或教材中提到的人或事）的不同评价中，发现他们的价值观念与成人价值观念的区别。这里要特别注意的是：通常以为学生能复述教材、记忆教材就表示他们已经理解了教材，这是错觉。学生的答案有些是真正的差错，有些答案同教材及教师的理解有出入，是由于按照他们的心理水平与经验只能这么理解。

编制学生经验的教材，可以采取如下步骤：第一步，团体协作普遍调查。每个教师参照调查线索，提供素材。均要求举例说明，举例越详细越好，都必须注明所涉及的年级；不一定每项都填，每项不一定只写一例；每个人可写 3 到 5 例，多者不限。不必当场交卷。第二步，从普遍调查结果中，筛选 20 到 30 例，作为示范。参照范例，进行第二轮调查（第一轮调查中的素材可修改和补充）。第三步，把第一、第二轮调查中所搜集到的素材，按年级分类排序，并加以补充。第四步，在以上三轮调查基础上，参考课程理论、教育心理学及教学参考资料，研究“学生经验的课程”普遍存在的问题。第五步，尝试编写“学生经验的地理教材”，包括“学生经验的课程”案例和“地理学科逻辑与心理逻辑沟通”的教材章节。第六步，试用自编的某些章节教材，并研究教材试用的结果。

（4）课程统整的教材——师生共建的教材

世界课程发展的重要趋势之一是课程统整，地理学科如何顺应这一潮流？走向课程统整的地理课程教材需要有统整的基本途径和方式。其目标取向是促进学生的发展，即发展性；实施方式是多种方式的整合，即整合性；教学材料的呈现方式要努力网络化和活动化；评价方式上体现动态性；教材的内容特点是充分体现乡土化、校本化、师本化和生本化的融通；走向课程统整的地理教材结构特点是简化和统整。

这种师生共建的教材，可以循以下思路进行：① 基于乡土的师生共建地理学习资源。其目的是促进学生更生动活泼地学地理。可以采取的形式是图片征集，活动名称可以是“图说家乡”。活动原则可以是大范围（大市范围）、低门槛（操作的技术性要求低）、小切口（任务简单，就是用数码相机拍摄身边的“地理”）、高目标（近期目标是形成以某区域电子地图为底的、链接 n 个地方的 n 张图片；中期目标是形成某区域的地理虚拟学习社区和建设一批高质量的现代乡土地理网络课程，远期目标是形成中国一部分国家地理虚拟学习社区和地理网络课程）。② 现代乡土地理网络课程开发。江苏省常州市目前在这方面已经有了基础的理论研究和初步的实证研究，需要更多的实践研究，形成更多的、富有教学智慧的案例以及在实践研究的基础上修正理论研究。这种研究循本土化的活教育学的研究路径，以理论的实践生成实践的理论。同时“基于乡土的师生共建地理学习资源”可以和这个方向结合。③ 基于谷歌地图的地理教材二度开发。当前，有很多教师已经初步将该软件运用于地理课堂教学，学生对于景观、细节、精美的图片等是很感兴趣的，有着强烈的对未知的探究欲望。当教师在地理课堂上展示图片的时候，“哇”是学生的第一反应；课后，不少学生要求在自己家的电脑上装该软件（网络上有免费试用版）。可以基于谷歌地图进行地理教材二度开发，但是需要思考：谷歌地图是什么？它的基本思想和原理是什么？它给人带来震撼的地方在哪里？其发展方向是什么？怎么使用它？有什么技术障碍？可以将它用在地理教学的哪些方面，有什么策略和方法？如何用它来进行“地理发现之旅”的探究学习？若教师协作攻关，那么该如何组织才可以发挥团体的力量？此外，在广大地理教师的实践中，相信还可以探索到更多使用它的途径和方法。

教师对地理教材进行二度开发，是地理教师专业素养的重要体现，也是专业发展的重要途径和方式；是让教材更符合特定教师和学生的重要举措。这种二度开发不能期望一蹴而就，而要理解为一个长期的、渐进的、动态的过程。

第四节　持续探索一节课：思维建模与方法指导

2005 年，常州市开始进行高中新课程实验。课程在国家层面有了相关的“决定”“纲要”“方案”，及各学习科目的“标准”。这些以及多版本的教科书共同成为专家课程形态。各学校也在学校课程层面上对国家课程、地方课程以及校本课程加以规划。随着它们逐渐被教师理解、运用而进入教室实践。毋庸置疑，随着三年的系统实践和跟踪调查研究，从 2008 年 9 月开始，第二轮高中课程改革的关键在于如何走向深入和系统优化。因此，有必要在全面反思的基础上，在学校层面上对课程、学校生活加以整体架构，并努力在课堂教学这个难题上，就所倡导的学习方式作出进一步有益的探索。

学校安排在 2009 年 2 月 5 日新学期教师报到日公开 9 节课供全校老师观摩，主要是提供课堂教学案例作为主题沙龙研讨的话题或者是“引子”。以下文字源自我在高一(9)班的实践[①]。

① 查有梁. 教育建模[M]. 南宁：广西出版社，2000.

一、课程学习：共创经验，互助成长

课程作为学校最重要的财富而存在，学习的深度、广度和方式决定了学习质量。课程在引领学习方向、指导学习方法和评价学习结果上要试图给出系统答案。教学连接着课程与学习两端[①]（如图2－11所示）。

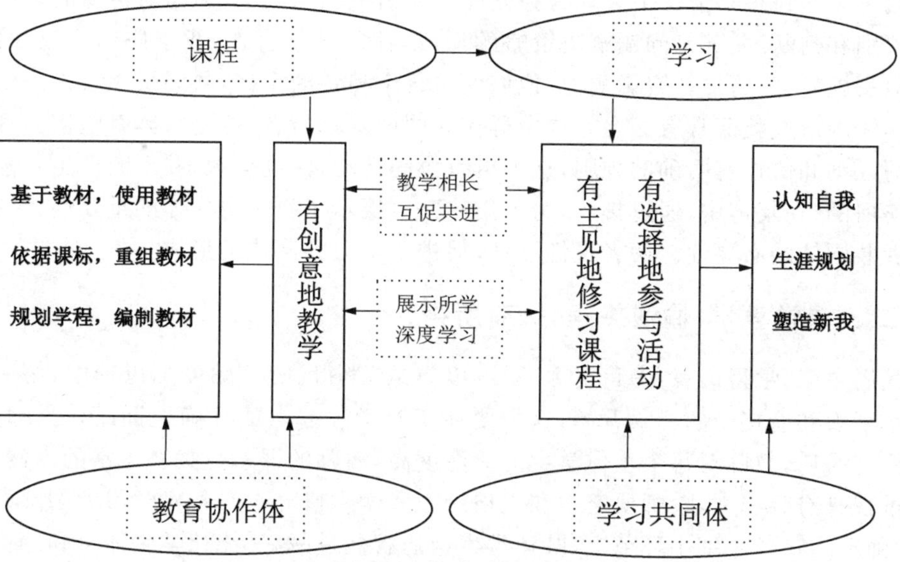

图2－11　课程与学习的关系示意图

课程、教学和学习能否在“民主、平等、探究、合作、自主”等品质上有深刻体现？课程是否最适合这群学生？教学是否为人所喜欢？学习过程是否体现出思维的品质——深刻、独特、发散、敏捷？

一方面，我们提出“有创意地教学”。这是因为随着教师角色的转型，尤其是教师在课前准备阶段作为策划者、设计者而存在，在课上作为组织者、对话者存在，离开教师的主体地位去进行创造性探索实践是难以想象的。所谓“有创意地教学”，对于国家课程而言，是指在国家课程标准所列出的全部检验点的基础上，做到以下几点：第一是落实，即促进达成，以“基于教材，使用教材”概括之。第二是序列化，即阶段递进，以“依据课标，重组教材”概括之。第三是超越，即对单元重心的整体把握，以“规划学程，编制教材”概括之。

另一方面，为更好地体现“教学相长和互促共进”，教师有必要在学习的全部进程上，为学生提供机会来“展示所学”。也只有这样才可能引发每个个体有个性地“深度学习”。这里的深度学习，其含义有二：有主见地修习课程、有选择地参与活动。教师在规划、实施课程中

① ［美］加涅．学习的条件和教学论［M］．皮连生，等译．上海：华东师范大学出版社，1999．

有必要做到这几点:第一是介绍课程;第二是提供资源,即在知识、技能、眼界、视角方面予以关注;第三是指导方法,即关注程序和价值;第四是设计活动,重在体验和建构;第五是评价学业。其中,课程介绍需要《课程修习手册》,其他四点则通过《模块教学指南》给出。

同时,学习作为一个自我修炼、自我塑造、自我提升的过程,从"认知自我"开始,强化"生涯规划",并在其指引下,每个学习者能真正主动地学习,并通过学习塑造新我。

教育教学在很多情形下表现为独立面对新情境和新问题,但是对情境的识别,对问题的甄别和判断,尤其是问题解决策略的形成,往往基于合作,成于协作。教师群体将共同地实施教育,施加教育影响力,他们面对每个独特的个体,共同引领成长。由此,教育协作体的形成就非常有必要。这个群体共同面对学习者,这个集体有坚信的理念,团队内的互动和协作有明确的规则,这个组织协同行动,深度会谈,并不断产生互惠学习。马卡连柯的"在集体中,通过集体,为了集体",一揭示了教育协作体的重要性,二指出了学习者共同体的必要性。两者良性互动,促进了学习共同体的形成。

二、课堂教学:愉快旅程,每有所得

我们主张"学得满意,考得优秀"。可以先从"学得满意"角度加以理解:第一,教学以学生喜欢和能接受的方式开始,这主要在于对学习起点的准确把握;第二,师生的课堂交往有品质,教师对每个个体学生的关注度高,教师的课堂点拨有丰富的内涵;第三,学习过程具有吸引力,教师要努力在人格魅力和学术修养上具备对学习者的感召性;第四,教师努力在各个细小环节上,既让学生遭遇智慧挑战,又能让学生体会和感悟到"受到关切,得到指导,学有所得"。"学得满意"在于"宽基础","考得优秀"在于"有针对"。基于"宽基础"才能真"有针对",而不至于演变为"乱跟风""瞎折腾"。

由以上分析,可以自然析出四个关键词:结构、问题、路径和评定(如图 2-12 所示)。

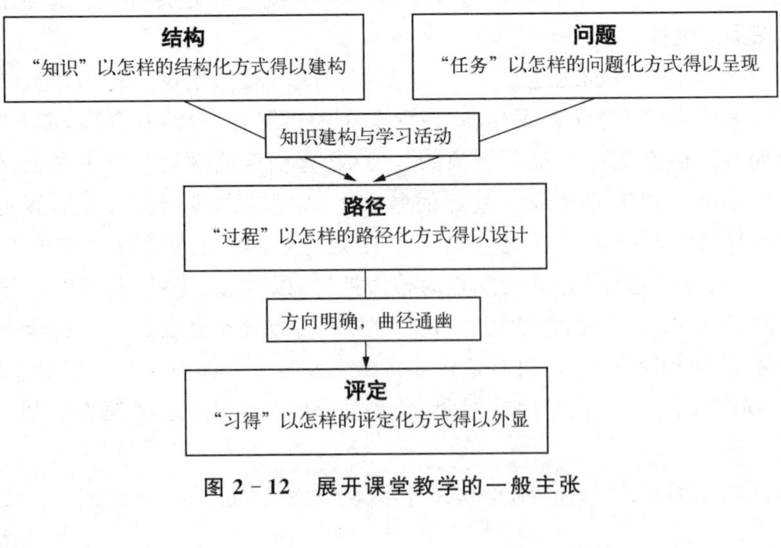

图 2-12 展开课堂教学的一般主张

第一，课堂教学的结构，尤其是知识结构、思维结构，可以作为线索来组织教学。一般，人们总喜欢想当然地以为这些结构能成为“告知”的内容，这就失去了其更有价值的“线索”的功能。作为线索，需要有完整的过程来达成，即初步模型、建构模型、修缮模型。

第二，课堂中的问题，如何针对任务，如何提出(问题情境、分析过程、问题实质)，如何具备挑战性，如何吸引学生参与？

第三，在第一和第二两点上，要努力在知识建构和学习活动两者之间采取融合的方式。课堂中原先呈现的结构和问题(来自教和学双方的)，将在相互作用中变化。这特别需要教师在关键点上加以点拨。

第四，课堂到底呈现为怎样的形态和过程，并不仅仅取决于教师，也不仅仅取决于学生，还在于课堂中的互动。一方面，教师的示范倾听、质询将成为重要的教的方式；另一方面，需要开发出课堂互动，特别是学生呈现自己所学的顺序规则、相互提问的规则以及回应的规则来。由此，课堂学习活动特别需要有“路径”的意识。课堂作为“旅程”，有的时候是直切主题，有的时候则是“曲径通幽”，但是都必须紧密围绕学科核心，紧扣学习目标。

第五，课堂的路径，尤其是思维路径，体现出强烈的发散性。因此，是否“迷航”取决于教师的现场引导和把握上“自然顺遂，随心所欲但不逾矩”。而且，这将呈现出课堂的复杂性、未知性和偶然性。

第六，课堂中的习得，将主要在于现场的表现，当然也可以通过测试的方式部分地予以测量。假如是现场表现，就需要典型的现场评定方式介入，尤其是教师的“点评”、学生的互评。课堂中，必须有“展示所学”的机会和时间，否则，学有所得将成为一个“谜团”。

三、教学设计：有备而学，细致地教

1. 前端分析：基于学情，关注“节点”

高一(9)班，第一学期前半段学习了高中地理必修 1 模块，间隔一个学段后重新开始地理学习之旅。为此有必要在高中地理必修 1 和必修 2 两个模块之间进行教学衔接：基于对必修 1 的回顾，展示所学；基于对必修 2 的展望，憧憬未来的学习。

曾经在这个班级代了两节课，就这两节课而言，我感觉他们在课堂上的学习比较投入和专注，特别是有能力并勇于提出问题。为此，我认为在这个班级的地理教学上，开放的问题更容易让学习者的创造性得以发挥。

2. 课前布置：展示所学，有所思考

要求学生在上课前完成“三个一”，如图 2 - 13 所示。

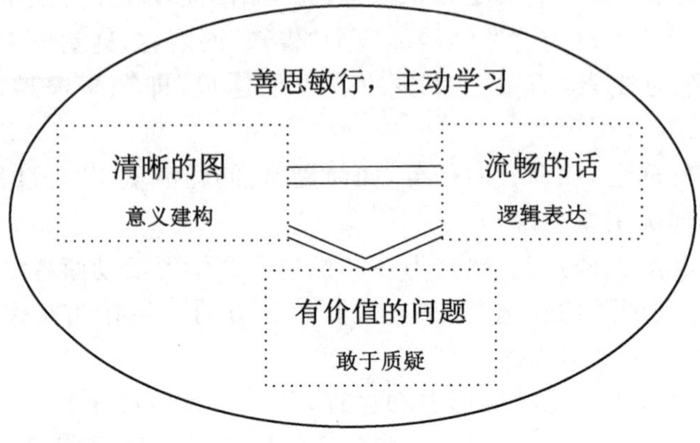

图 2－13　预习内容的内在关系

一张清晰的图，说明对地理必修 1 的理解。可以用多种形式表达，电子的、书面的；要求在深入性和独特性上有体现。内容可以是全面的，也可以是某一方面的。

一段流畅的话，表达对图中所呈现内容的内在关联的揭示。可以很好地面对所有人的质询。

一个有价值的问题，阐述在地理学习上的困惑或者展望。可以用讲故事或图片的方式呈现问题，并自然引申出问题来。

这些既可以是三至五人合作的，也可以是独立完成的。

以上布置，既是展示所学，有利于教学者把握学习者的学习起点状况，同时，完成任务的过程本身也是一种鼓励："让我们的才华在以上三个作品中表达，让我们憧憬未来的课堂交流。"这是希望基于怎么学开始教（如图 2－14 所示）。

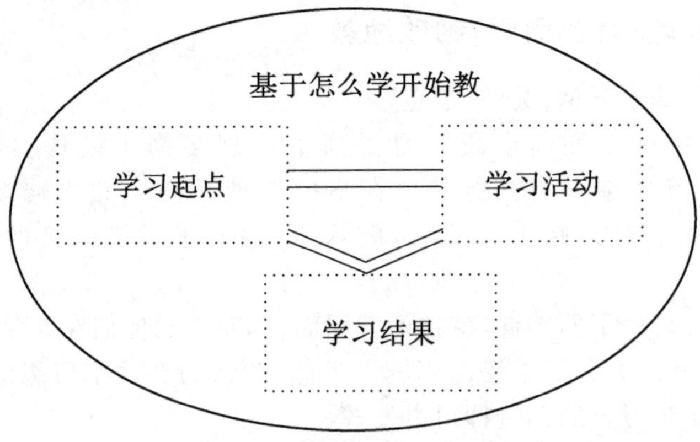

图 2－14　学习旅程的一般过程

第一，很多时候，教学者并不清楚学生的学习起点到底在哪里。画图，其实可以在一定程度上让学生展示出所学,随后的说明更可以反映他们是如何让概念(问题)之间产生关联的。

第二,在学生的学习活动中,尽管有些预先设想和策划,但是,学习过程在某些时候需要主动表达。人们在深入思考的基础上,会愿意表达自己思考的结果。所以问题的关键在于是否有所思考。

第三,我们也不够清晰,学生在学习中遭遇了怎样的学习挑战,为此,需要让他们清晰地表达所遇到的困难。假如能将困难予以表达并做出思考,其实已经开始了学习之旅。为此,教育教学能随机介入,从一些问题开始,生发更多的问题,这样的教学才可以真正地触发思考、引导思维和发展思想。

第四,希望在学习过程中,学习者能基于自己的"原创性发现"不断去构建和完善自我认知。尽管这种发现对人类而言,对专家而言,并不是新的,但是对于学习者而言,却是真实的自我发现和自我创造。这种自我发现和创造契合人类学习的原初动力(杜威语)。

第五,在表达和倾听中,很多时候,人们比较愿意去表达。必须注意到,唯有相互倾听,才可以引发对自己表达内容的更新和完善,而且在相互质询的过程中,互动双方的交流也是一个彼此学习的过程。

3. 活动流程:组织经验,培养学力

课题:尊地之规·以地为生。

第一,张贴作品于教室。目的:将隐形的经验予以显示——初步建模。

第二,学习活动一:将张贴于各处的图归类。目的:初步感知他人的表达——分类思想。

承转:为更好地理解每个人绘制的图,有必要做个小游戏。

第三,学习活动二:发现自然地理环境五大因子之间的关联。要求:按照自己的理解和喜欢的方式进行摆放;加上连接线,并说明连接线的含义。目的:新增经验——感悟自然地理环境的整体性,清晰图形化思考的价值——组织经验,重视图上各因子之间关联的意义,进一步揭示必修1的"尊地之规"。

承转:学习活动三:提出问题并要求学生思考——"人"在哪里,及人类活动如何适应环境和创造环境。目的:为必修2"以地为生"打下伏笔——认知冲突。

第四,学习活动四:结合前面的活动以及对问题的思考,初步修改和完善原先的"图、话和问题"。目的:每个人的认知方式得到尊重——重构经验。

第五,学习活动五:选择若干组交流和汇报初步设想以及修改的过程,师生共评。目的:找寻知识得以建构的理由——反思提升。以下互动规则努力做到机会均等,各得其所。(1) 年龄最小的一组首先开始展示。(2) 年龄最长的一组首先开始提问。(3) 展示组中个头最高的学生首先开始回答提问。(4) 展示组中鞋子尺码最小的一个对整个相互提问、交流过程进行总结。(5) 每组总结结束后,开始下一轮。(6) 未参与课堂讨论的各组，将所准备的内容交给教师，由教师作出判断，并选择其中一些作为下节课的重点讨论组。

结束语：我们希望后续的学习是不断修改和完善现有“图、话和问题”的过程，也可以是新增更多内容的过程，提示“因地制宜”。目的：点明地理必修 2 学习的总体要求，包括评价方式（测验与主动展示所学）；学习的修炼本真——持续完善。

以上课堂教学流程如图 2－15 所示。

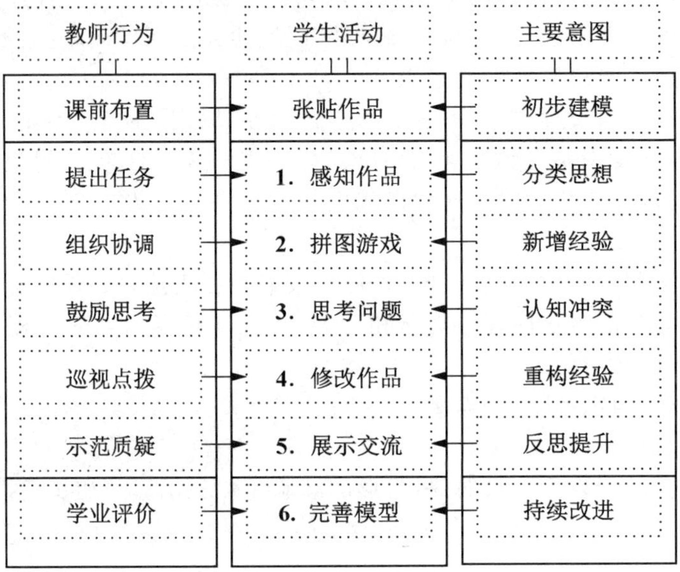

图 2－15　本课教学流程示例

4. 探险旅程：充分预估，随机应变

对本课中存在的“冒险”分析如下：第一，前期的任务能完成多少？经过一个学段的间隔，学生能回忆起的内容有多少？他们是选择一个小点切入还是宏观把握？图形化的思考方式能否为学生喜欢？学生是否能逐渐感受到它的优越性？学生提出的问题是否简单有趣？与学科的工具价值、人文价值和精神价值之间的关联如何？第二，这种完成一定反映出学习起点、认知风格、建构方式的多样，课堂上能兼顾多少？学习小组是如何在他们各自完成任务的过程中自然形成的？课堂上是否会出现小组之间的重新组合？有没有单独一人完成的？假如是，他遭遇到哪些学习上的困难？教师如何在强调独立思考的基础上鼓励合作？第三，学习活动是否足够有趣，特别是能否真正唤醒“自我完善”的动机，激发出“自我表达”的勇气以及“彼此质疑”的求真、求善精神？这样的安排是否能做到“课程以有趣的方式开始”并“持续地改进”？第四，思维的内隐特质，学习活动中的外显操作能在多大程度上对“语言—思维”两者中介的“意义”有“揭示”和新的高度上的“遮蔽”？学习活动自身在“过程—结果”“内部—外部”上是否给予了足够的关注？第五，“习得”能在多大程度上予以激励性地评价，并促进后续的深度学习？

5. 确认设计：学程编制，持续评价

(1) 什么内容？涉及该课程的哪一部分？回顾必修1，提示必修2；涉及意义建构的一般方法、学业评价以及学生感兴趣的话题。深刻体会逻辑关联图等图形化思考的方式。游戏活动所用地理环境整体性构建如图2－16中的上半部分所示。在自然地理环境背景下，人类活动如何进行有效的区位选择，是必修2的内容，如图2－16中的下半部分所示。

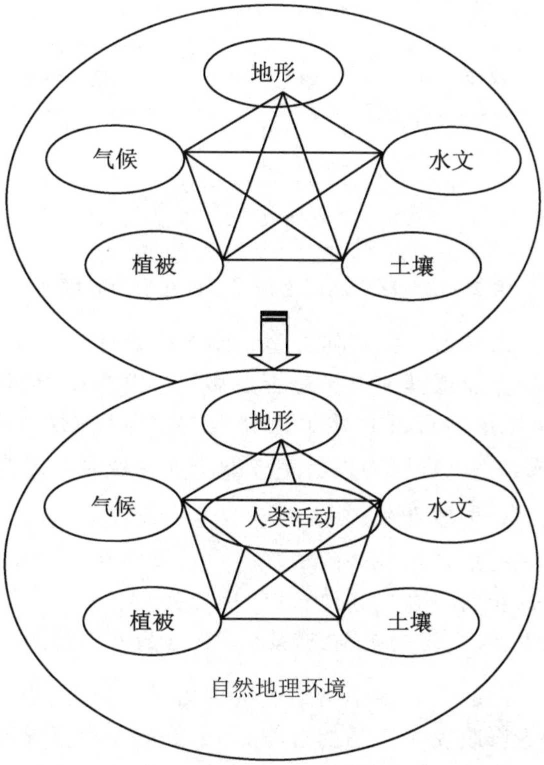

图2－16　高中地理课程必修1、必修2的内在联系

(2) 学习活动在多大程度上“适合”该班的学习进度？中断一个学段后，不能直接进入第二模块内容的学习，需要进行知识、方法的整合。

(3) 是否清晰描述该班学生情况，有特殊需要的学生怎么办？不足够清晰，有初步感受。对特殊需要的学生需要在课堂观察中予以关注并作为后续学习的重要方面。2月4日下午，我和高一(9)班的五位同学做了初步交流，发现学生的知识建构方式确实多样，比如绘图，有很多学生往往更多地采用了景观图、抽象图、素描图，而比较少采用逻辑关联图的方式来表达；在完成教师布置的拼图游戏时候，多数学生更愿意将其他四个要素叠加于地形上。同时,我也发现在与学生沟通和交流过程中,学生往往需要对教师的各种任务布置进行确认,而这是个很好的品质。但是在班级授课制条件下,双方确认的“释义倾听”的机会和时间是有限的,这也提示我们,日常的教学中,真正做到“基于学生怎么学开始教”是需要非常细致的调查、分析的。

(4) 学习结果是什么？想让学生明白什么？建构起必修 1 的框架,建立起必修 1、必修 2 之间的关联;初步感受图形化思考方式的优越性并找到适合自己主动学习的一般方法,并在后续的学习中推介相关软件(如 Inspiration 等)。地理必修 1、必修 2 和必修 3 之间的关联如图 2-17 所示。

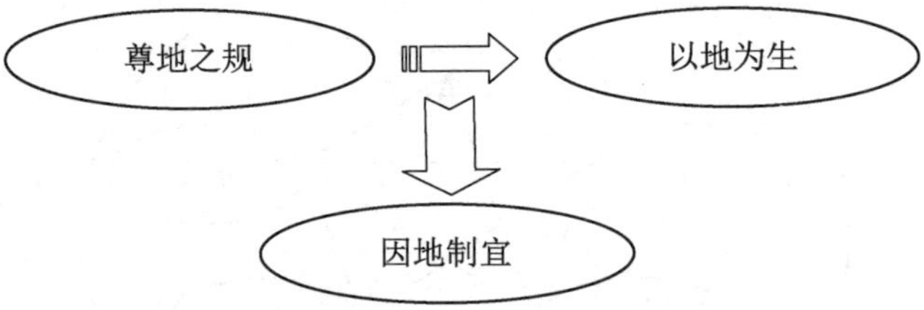

图 2-17 高中地理必修课程的核心内容联系

(5) 如何让学生投入学习？我将做什么？学生将做什么？小组、个人、全班学生将如何活动？学生要用的作业或其他材料是否足够？小游戏作为“热身运动”既可缓解紧张的氛围,也能帮助学生重新理解自然地理环境的整体性;教师更多是作为一个组织者、鼓励思考者而存在。学生将成为自己学习的主人。还有几个重要的引导性问题:

人们为什么需要了解自然地理环境？(尊地之规)

在自然地理环境中,“人”在哪个位置？(人类活动为中心)

人们如何适应和利用自然环境？(以地为生)

在这个过程中,人类活动如何选择才是适宜的？(因地制宜)

(6) 如何对班上不同的个人或小组给予区别指导？分类、小游戏、问题思考是典型的同步教学方式。学生修改完善作品的过程,是最好的小组指导的时机。

(7) 如何、何时知道学生是否掌握了计划内容？作品的完善即为评价的主要方式。

四、结论待定:投入课堂,多元理解

采用录音笔(现场录像)的方式对教师的课堂教学语言进行记录(教学行为),采用现场回顾的方式表达课堂感受,采用同伴互助方式进行课堂观察和课堂教学评价。秉承“基于课堂教学案例,展开相互之间的研讨,产生互惠学习”的理念,不为炫耀,不为表现,为着改进,为着探索。

1. 合作观摩:我在其中,投入其中

(1) 学生在课堂中是怎样学习的？是否有效？外显操作是什么,内部思维可能是怎样的？

先根据完成作品人数的多少，加以简单划分，这样可以大致清楚学生在知识建构过程中的“独立—合作”倾向的差异。

安排位置并作适当调整，保证了小组的位置适当集中，便于交流和修改作品。

在游戏阶段，开始时学生表现得有些拘谨，但是随着教学展开，多样方式被解释和记录，学生以及参与观摩的教师的思维积极性得以激发。很明显，学生比较倾向于将其他要素整合在地形这一要素上，似乎有点类似“以地为生”以及钱学森先生的“地球表层学”的雏形思想。

随着对这种“节点”“关联”的深入思考，当安排学生对作品进行修改的时候，几乎全部的学生都觉得需要对自己原先的作品进行修改。但是在课后交流阶段，有老师提出一个非常有意义的话题，即学生认为要对自己原先的“简单问题”作出调整，现在看来，如何激发学生坚持相信自己的原先思考，但是又主动作出改善，而不至于打击其信心，是教师在后续教学中需要思考的。

在学生修改作品的过程中，教师进行了巡视，一是了解作品，二是随机点拨，三是初步确定让哪些学生组在课堂上展示和交流。其中，第三点上，特别注意了多样性的兼顾，即图形类型的多样性、小组组成人数的多样性。特别值得一提的是，有学生提出了“地形到底是什么”的问题，这已经是一种学术化的思考方式了，但是在课堂上并没有特别详细讲解，一是时间限制，二是有待后续教学予以提及。一节课并不需要解决所有的问题，这是教者可以安慰自己的，但是教师需要在一段时间的教学中，对每个有价值的“发问”加以兼顾。

（2）教师是如何教的？哪些主要行为是适当的？哪些行为是失范的？

教师讲述并不多，但是在点拨思维和激发思考上，营造了一个比较合适的氛围，总体而言，学生的学习活动不热闹，但是从表情来看，是在深入地思考。参与度，尤其是思维的参与度是比较高的。

我注意到，无论是学生参与“拼图游戏”，还是汇报自己小组的“图、话和问题”，他们均试图获得从教师那里来的点评。这种习惯，可以有如下三种解读：第一，不够自信；第二，希望得到指点；第三，希望获得所谓正确答案。我在课堂上试图暂时弱化教师在“知识自我建构”上的“强势”地位，有意识地克制了一种“评论”的冲动和放弃了单一“裁判”的角色，试图引导他们在自我完善的基础上，更自信地表达自己，而不仅仅是从教师这里获得所谓正确的答案。比如，对第一组学生的“表达”仅仅是从她的“台风”方面进行了提醒，对第二、三组同学提出的问题，我没有急于回答，而是确认在他们的“研究”“创造”中已经蕴涵的“获得问题答案的方向”。

（3）地理学科的特性体现在哪里？“尊地之规、以地为生”如何体现，“因地制宜”怎样给出？教师的讲解是否能让学生理解？

在“环境”之“环”字上有点拨，在人作为其中心地位上有揭示，对必修 1 上的“尊地之规”中的“规”，教师试图进行“规律”“规定”“规则”的引申，在必修 2 中，教师对人类活动的“区位选择”以及“以地为生”有所铺陈。但由于时间的限制，最终，“因地制宜”的给出有些仓促。

（4）课堂整体感觉如何？是否足够顺畅，是否投入其中，是否有不恰当的焦虑？是“表现目标导向”还是“学习目标导向”？

总体感觉还比较顺畅，这主要因为：怀有“好奇”之心看待学生的“游戏参与”“作业完成”，以“欣赏”的眼光看待他们的“作品”，以“等待”的心态对待他们的“不够完美”，正因为如此，他们表现得比较积极放松，师生能以彼此放松的心态来学习，这样，可能会学习得更自如。

由于将本次课堂教学定位为“探索”“有所思考”，因此，首先从心底里将“环节的齐全”“全面的完美”认定为非追求范畴，所以教师更容易投入课堂，也容易接受其他观摩者的批判。基于课堂教学进行研讨，获得他人的帮助，便于更好地完善自己的课堂。这样的心态更有利于教学者从容面对学生、观摩者。

2. 分享经历：基于现场，放眼未来

在以下的研讨问题单上，我们部分地获得了答案：（1）对学生的预期达到了吗？我们是如何知道的？（2）课堂上所谓好的学习行为是怎样表现出学生的投入程度与理解水平的？（3）课堂教学中所呈现的路径、结构、问题如何？预先的设计和现场的呈现之间是否相同，若是有差异，在哪里发生了变化？（4）物理空间和心理氛围所指向的课堂中的文化氛围是如何被感知的？（5）学习活动、学生分组、教科书等学习资源是如何呈现出效果的？（6）可能的改进方向、途径和办法有哪些？

特别值得珍视的一些观点有：（1）课堂教学以学生看起来“简单”的方式呈现，以“有趣”特别是智力挑战作为基调，更有利于学生投入；（2）课堂教学需要在“放得开”“收得拢”上完善；（3）需要克制“以最好的知识轰炸学生”“一节课解决所有问题”的冲动，教书育人是个“慢”事业，教师要学会等待，同时又必须让学生的学习“每有所得”而不是“低水平重复”。教师更不能将“灌输”“告知”“操练”看作教学的全部内容。

第五节　享受教师生涯的乐趣

一、在切实承担职责中享受

教师应该承担怎样的教育责任？

有时候，教师处于焦虑之中：我热爱我的工作，但又不得不做一些我想不明白、形式主义的事情，令人痛苦；我讨厌现在的体制和氛围，但我还是有责任心的，所以一旦做了，就好好做；我想从事体力劳动，做一个愉快的傻子。

压力来自不可控制的因素，恐惧来自对世界的未知。

我的想法是：教师要对自己的教学行为的设计、呈现和组织负责，而不是简单地对学生的学习行为负责，更不能直接地对学习成绩负责。教师对教育的负责，在于基于自己的教育理想，针对现在的教育形势和学习者状况，“见招拆招”，兜住自己的教育教学行为的底线，追求自己的教育理想。

分析造成现有状况的原因：

第一，混淆了过程和结果。学习的过程和结果之间有密切的相关性。但这不等于直接追求学习结果，而无数次地、眼光短浅地针对测试题训练。为此，需要细致地梳理、理清学习过程、学习活动和习得之间的关系。需要发现课程安排和测试成绩之间的内在的、关键的联系。

第二，混淆了教育主体和学习主体。学生的学习成绩（可测量的，短期可见的）仅仅是他学习结果的一部分。学生要学会对自己的学习行为和学习结果负责。家长需要承担自己的养育责任。教师要对自己的学程设计、课程编制、学习资源提供、参与课堂互动中的点拨语言和动作、教育时机的选择等事件负责。

第三，陷入了一个政治陷阱。社会需要学校对教育结果负责，家长希望教师对学习成绩负责，学校希望有个“好收成”。于是逐级分解，甚至逐层加码。教育者“我自心中无愧，不必管结果如何”，“我自辛勤耕耘，成果自然会有”。可一个园丁再怎么辛劳，他也无法顾及方方面面。

教育教学中的全面质量管理就成为一个需要引入的话题。教育协作体中，责任人和协作者需要加以区分。教育行动中的过程和结果需要辨析。

二、在助力学生成长中享受[①]

学生从走进学校的那一天起，就一直在他们的教师那里寻找自己成功的证据。深思熟虑的评价制定过程会产生合理的评价，激发学习的热情。

利用评价来促进和支持学习；保证学业目标的清晰可行；保证评价的准确性；有效地交流评价结果。

制定课堂目标是教师的职责。这是向每个学生提出清晰的、具体的和准确的学业期望。让学生了解教师的想法，消除成功的神秘感。

制作期末考试的前测版：在刚开始学习某门科目时，对学生实施一次测试，然后帮助他们分析每一道题，让每个学习者知道自己的长项和弱项。这里包括知识掌握、推理（分析、综合、比较、归类、推断）能力、表现性（创建成果）技能以及情感倾向。

在教授一个知识单元之前就制作一份期末测验的细目表。这样就能够看到重要的

① [美]斯蒂金斯．促进学习的学生参与式课堂评价（第四版）[M]．国家基础教育课程改革“促进教师发展与学生成长的评价研究”项目组，译．北京：中国轻工业出版社，2005．

知识内容，并以此来引导教学，帮助学生取得成功。

让学生参与编制测验计划的过程。在测验之前，让学生利用测验计划来预测自己在各个知识部分的成绩。在测验之后，再让他们分析自己的表现。

形成小组，每个组有责任帮助每个组员在某个测试科目上，或者测验细目表中的每行、每格上取得好成绩。

根据内容和推理能力将测验题分类保存，以备日后使用。可以在每道题上记录学生的通过率（表现），并根据易错题来调整教学。可以在电脑里建立一个题库和提取系统。

关于作文等表现评价的标准和使用评价。标准（最高标准）：思想性（观点清晰、重点突出、有许多并非人人知道的细节）、组织性（像一张路线图一样清晰，能让读者清晰地看到行文的线索）、写作风格（有自己的思想的烙印）、用词（准确地选用正好能表达自己的观点和情感的词语）、语句流畅（语句清晰而且丰富，是阅读的盛宴）、常规用法（要想从这篇文章里找出什么错误是很难的）。第一步，发现。第二步，精简。第三步，界定。第四步，学习应用规则。第五步，提炼。第六步，慢慢来。

学校是个学习的地方，学校又不仅仅是一个学习的地方。

情感，是敏感的，涉及人和人之间的关系。只有真正掌握了人际关系的教师才能真诚表达，并鼓励诚实。

那些最有同情心和责任感的教师很清楚，自己应该什么时候去联系校长、咨询专家、学校心理工作者，向他们为学生寻求可靠的心理咨询服务。不要冒险进入不熟悉的领域。如果不能适当地反馈，即使有最良好的动机，贸然行动也可能造成严重的后果。

如果询问了学生关于教学的反应，就要认真看待这些评价结果，需要克服自身存在的“被评价焦虑”。不要仅仅表面性地问问学生对事物的感受。如果能将信息和结果利用得越充分，学生越能分享一种能够改进学习质量的情感。

在学校里，教学者有必要让学生首先喜欢同学、教师、管理、教学等，或者至少要做到不讨厌。然后在养成兴趣和促进兴趣发展上持续努力。请触发学生对教师的积极情感。

学业成功的若干信念：教育是美好生活的基础；在学校里努力学习是有益的；考试时应该做出符合道德的行为；一种健康的生活方式才能带来学业成功的可能性。

关于学业的自我效能：我成功是因为努力还是运气好？要坚信：只要方法得当，努力之后是会有所进步的。

由此可以试图追问以下一些问题：

教学质量差的教师有哪些特征？教学效能高的教师又有哪些特征？

学生喜欢的教师有哪些特点？校长喜欢的教师有哪些特点？同事喜欢的教师有哪些特点？

这些，都是值得每个教师去发现和理解的。

判断一个教师的好或差，是比较容易的。运用一定的方法就可以，比如专家系统法、田野笔记法、调查研究法等等。但是，要将差教师转变成能力强的教师，将坏教师转变成好教师，却不是一日之功了。

这个转变过程既需要良好的制度设计，更需要每个个体的自我期许：

首先，需要自我认识。这种自我认识既需要对自己的个性加以分析和审视，也需要结合自己的工作状态加以检视。

其次，需要在自我认识的基础上，结合自己的兴趣、爱好和特长，采取环境友好、自我认同、细致可行的措施，达成清晰的目标。比如将教材分析系列化，将教学设计序列化，将教学评价全面化，将教学故事文字化。

最后，持续对自己的行为和情绪加以省察，并具有冷静的反思能力。

三、在自我理解中享受

学会理解自己及同事。

同事，一起工作的伙伴。在一个倡导合作、具备共同愿景、遵循明晰交往规则的团体中，相互的合作能达到共赢的局面。同事，是工作环境中重要的因素。如果要寻求工作环境中人际关系的和谐，唯有相互信任，彼此保持“受欢迎”的状况。教育者，更需要同事合作，这是因为教学者不是单独地对学生施加影响，效果如何，很大程度上取决于同事合作。

戴尔·卡耐基的《人性的优点》与《人性的弱点》分别告诉人们怎么克服忧虑和学会与周围的人和谐相处。以下摘录其内容，以让我们与自己和解，与他人和谐相处。

表 2-1　卡耐基著作内容摘录

人生主题	应对策略
拒绝忧虑	忧虑来自心中的魔。工作不仅仅为了谋生。不要错把效率当成效果。时间会让爱情溜走。大部分烦恼与金钱无关。
破解忧虑	人不能同时想两件事情。何必犯愁，三个月后就会忘记的小事。用概率计算可能发生的事。顺从规律，承受不可避免的事实。让不幸“到此为止”。幸福是不幸者的“第二灵魂”。
养成无忧无虑的习惯	憧憬光明，影子会留在身后。寻找工作的乐趣。秩序，是生活的第一要律。疲劳是精神因素引起的。学会发泄胸中的闷气。睡眠是一剂修复身体的灵药。
保持充沛的体力	把柠檬当成柠檬水。期待痛苦比痛苦更可怕。 不能做太阳，就做一颗星星。从谷底开始的人，每一步都是向上走。微笑着面对每一次逆境。还有一条路通罗马。

续表

人生主题	应对策略
忧虑可以控制	快乐在于奉献，不只是拥有。随意是幸福的最佳选择。愤怒时，静默三分钟再开口。争论，不能改变对方的观点。心情生表情，心境造环境。医治“嫉妒”的最好药方。
打造愉快的心情	急于称赞，迟于寻错。发自真心地赞赏别人。站在对方的立场上。
与人相处的基本技巧	真诚地对别人发生兴趣。充满人情味的微笑。都认为自己的名字很重要。做一个善于倾听的人。就别人的兴趣谈论。使别人感觉到他的重要。
处处受人欢迎	小事不值得与人争辩。揭人伤疤非易事。勇于承认自己的错误。以友善来接近他人。让对方开始说“yes”。给别人多说话的机会。坐在对方的位置去思考。理解对方的意念和欲望。激发人的高尚动机。好的观点也需要“做秀”。激发胜过他人的精神。
赢得他人认同	先称赞，后批评。旁敲侧击胜过当头一棒。先责己，后责人。没有人喜欢受人指使。顾全对方的面子。为每一次歌唱喝彩。给人一个美名让他去保全。用鼓励来改正他的错误。永远使人乐意去做你建议的事。
说服他人	创造奇迹的信件。被容纳是人心理的渴望。从来没有人会踢一只死狗。让我们请别人来批评。对待不公正的批评，只是笑一笑。去原谅你的仇人。人类的天性是容易忘记感激别人。
获得别人的好感	爱就是给对方自在。不要批评你的另一半。爱，在于真诚的欣赏。从琐碎细微处见真情。夫妻之间也要彬彬有礼。让家庭幸福。

此外，作为教师，其自我的训练并走向训练有素也尤为重要。

训练有素，在某种语境下，是有素质、有教养、专业化、自动化、上档次、可信赖的体现。

训练了才能有素。有些素质的养成，是需要训练的。经过训练，在一定的情境下，人的行为会自动发生，几乎不需要思考，不需要反复斟酌。所以，日常的行为中，那些高频度发生的行为，这些行为需要符合社会一般规范，也是主流价值观所体现的行为需要训练。经过训练，才可以变得“循规蹈矩”，也才可以自由而不逾矩。从这个意义上说，行为自由的前提在于遵循规范、规则。

训练在于科学和系统。科学的训练可以事半功倍，科学的训练可以提高效率，可以提高效能，也保证目标在最大程度上达成。系统的训练可以保证在全面的基础上凸显特长。科学性和系统性方向是正确的，方法是可行的，手段是不违背常理的，效果是卓著的。

只要坚信方向是对的，方法是可行的，目的是善意的，那么，请让我们一起找寻最佳的途径，不抱怨、不牢骚，悦纳自我、提升能力，因为我们“在一起”。

四、在融入学校中享受

资深教师的融入问题毋需多言，这里专门阐述一下从教年限较短、心态年轻的青年教师应如何融入学校，并能够享受工作，且最终因此使自己受益。以与江苏省常州高级中学的青年教师的交流为例，在与青年教师的交流中，我们重点关注了青年教师的思想、行为、能力和实践这四个方面。

一是对核心价值观的认同。

接纳、认同并实践本校的核心价值观非常重要。江苏省常州高级中学立校的基本背景是国家废科举、兴学堂，办学者和求学者均是出于“修身、齐家、治国、平天下”而聚集在一起的，并且开一时之先河，成一方之风气。当然，学校自然也得此地之文化滋养，代代学人薪火相传而至百年。凝聚在办学者、求学者的言行之中的精神，会成为这个学校的文化传统。一者，这个学校的学人是学养深厚的。二者，这个学校的学人有传统文人的铮铮铁骨，敢言敢行，肩担道义，瞿秋白、张太雷可为典范。既有学养，更自觉担负社会责任。为人上则是兼具谦谦君子之和气以及豪放之士的爽气，有灵气、有英气。“存诚能贱”也可诠释。三者，这个学校是不忘本的。本校创办者屠元博之纪念塔以及两株十大功劳既传递缅怀先人的敬意，也传递不忘自身之责任的诺言。四者，这个学校从建筑上也体现了“走正道”。进得校门便是坦荡大道，也为学校布局之中轴所在，可谓“明德正行，精微致远”。

学校的核心价值观成就百年基业。学校的核心价值观是办学中恪守的基本观念和奉行的行为指南、准则。它基于代代学人对教育的意义、学校存在价值的终极思考，它对“学校是什么”进行思索并做出回答，自觉肩负起学校使命，通过对“学校培养什么样的人、怎样培养这样的人”的回答来发挥其理想中的学校作用，并实现自身抱负。“学校教育的意义就在于对生命负责，提升生命质量。”“培养杰出公民”是她的使命。

二是谨遵职业规范。

保证教师职业操守不被亵渎，保证教学不失范，保证学校的正常运行。

首先是教师职业操守方面。这包括保护学生的人身安全、心理安全，被尊重的需要等。教师作为学生在校的替代父母，要保证学生的身体不受伤害且无受伤害的危险。心理安全的保障上，学校是个允许人犯错误的地方，这些错误是他们成长过程中不可避免的。教学者应当在最大程度上予以宽容——耐心等待、敏锐判断、智慧呵护、艺术处理。在和学生相处的过程中，要掌握好近体度，对来自学生的好感表达给予真诚的感谢，并仅限于此，如此等等。在尊重学生人格的基础上，要保证对其学习风格、方法选择、学习进程的足够尊重，在课堂上，每个人的意见都能得到倾听和理解。从这个意义上说，“教育是个求慢的过程”。

其次，在教学不“失范”上，常州市教育教研室的各学科教学建议，希望每个人认真阅读，细致体会并保证得到实行。应杜绝失范行为，如迟到、早退、无故发脾气、接听手机、无限度拖堂、无准备地上课。尽管这些行为的发生总能找到各种借口，但这不是理由。第一，只要是布置的作业，一定要周全批改，并在最短的时间内反馈给学生，共性问题得到集体纠正和评述，个别学生的问题，他们愿意且有时间、有机会和你探讨。第二，不坐着讲课，除非你有足够的理由，并得到学生的认可，甚至他们因为你坐着上课而表现得更投入、更认真（这样的情况不是没有，但需要小心地加以甄别）。第三，当发生教学失误的时候，不回避问题，而是坦承、勇于纠正。第四，认同、坚持举行规范的上下课仪式。

在保证学校正常运行方面，不可以让本来安排给你的课时“开天窗”；当需要请假的时候，必须留出足够的时间让这个调整的程序得以运行。

三是锤炼深厚学养。

保证学习的真正发生，保证学习不至于肤浅和苍白。

目前，普通高中主要是以分科的方式来进行课程内容的组织。绝大多数课程依然是单一学科背景的，承担这些学科课程的实施和教学工作的人被称为某学科教师。

如果你是语文教师，毫无疑问，当长于阅读、善于写作，并试图在国学的某个方面有自己独特的认知、体验和思想。如果你是数学教师，你当对数学思想辨析明白、对数学的解题有研究。也正因为有这样的学科功底，才可堪为某某（学科）教师。也正因为是某学科教师，才需要在学科课程的学习过程中对学习进程加以规划，提供适当的学习资源，有针对性地指导学习方法，培养出具有浓郁学科特色的情感态度和价值观。

教师，当着力体现学科品质、挖掘学科的内涵，这是基础。需要对学科课程的诸多细节了然于胸，这包括明确主要概念，明了基本原理，洞悉规律的源和流，熟悉研究方法和表达方法。在指导学生时无科学性错误，关注学科核心和本质。

在学养的修炼上，更多是在于个人努力。没有人能替代你进行教材分析的工作，也没有人能告诉你上课过程、师生对话中所需要的一切见解、知识。

关于学养，学校第一任校长对好学上进的奖励是允许进入太师傅屠敬山先生的书房参观——对知识掌握的奖励应该是更多新的知识的展现，而不是其他；将对学业成绩优秀的奖赏转化成对学养的追求。

四是善于进行内部和外部的合作。

保证教育合力作用于学习者，构建和谐的人际关系。交流、沟通与协作是非常重要的。

教师的工作在很多时间里需要独立地面对复杂的教育情境，迅速地进行教育判断，不容迟疑地进行教育行动。为此，需要尽力地准备，预则立。然而，更需要在意教育中的合作，因为，教育越来越不能仅凭“单打独斗”了。

合作的对象可以是学生、家长、同事以及校外专业人士等。

首先是与学生的合作。合作展开学习过程，发现学习中的困难和障碍并解决它们，加深对事物的认识，获得学习自身的乐趣。教师应该乐意发现成长中的快乐和忧愁的人，也应该热心给予需要帮助的人以支持、指导，他们是分享成长的喜悦和成功的伙伴。“教育是个求好的过程。”

其次是与家长的合作。家长是孩子成长过程中的第一责任人、守望者。教师充其量是学生在校的替代父母。这里，可以将“家长”转换成“监护人”、监督者、保护者。全身心地关注孩子的成长历程，感同身受地体会成长的忧愁和乐趣，督促其更努力、更用心地热爱这个世界，保护其自尊、自强和自信之心。

再次是与同事的合作。同事之间的合作是最重要的专业合作。第一是作为教育团队中的一员，需要集体面对学生和家长，这需要合作。第二是作为团队中的一员，需要在团队愿景感召下，为实现团队的目标而共同努力。第三是作为团队中的一员，需要实现专业发展，需要他人的协助。同事的对象具体包括备课组的成员、教研组的成员、班级任课教师、学校管理人员等等。

最后是与校外专业人士的合作。这种合作是“以我为主”的，属于校本的范畴，所以，对于这种合作，必要的言谢是非常重要的。当然这种合作也包括你的“跟随”的意识和表现，即真正意义上的学习。特别需要强调的是，这种学习，校本是最重要的，基于学校、在学校中、为了学校。

无论是与谁合作，我们均没有必要也不需要刻意地降格以求、失去自己，用合适的形式表达与表达什么内容同样重要。

累积教育实践智慧，成己达人。

累积教育实践智慧，能够保证教育教学行为更有品质，保证学习过程更顺畅和获得良好结果。这包括关于教育的知识的更新，教育技能娴熟，教育技术先进。

基于此，我们要关注以下重要方面：

一是关于教育的知识的更新。这种所谓关于教育的知识，主要是各种教育教学理论性认识。在关注具体教育现象、教育行为等细节的时候，不失去对方向的把握，对教育现象应更具有洞察力，指明发展教育技能和采用教育技术的方向。教学者需要有理性之思和哲学之思。

二是教育教学技能。这是解决实际问题所必须的、一般的、通常的方法和技巧。一般而言，这方面的知识，人们知之甚多，但是需要娴熟运用。比如，及时的反馈、恰当的强化、形象化、具体化、问题化、活动化，等等。这些是教育教学基本原则下的教育行为规范。蕴涵其中的是如何去发现学生理解学科、探究学科的故事。记录、整理、研究这些，才能真正地发展教育教学技能。

三是技术之先进。这里的技术是教育教学行为的程序和方法（如教育教学模式等）。这里，试图从教学若干环节的角度提出需要提高技术含量、增强技术性的情形：教学目标的确立、教学重点的明确、教学难点的确认、学习活动的全面理解与设计、教学流程的规划、教学资源的筛选和使用、教学事件的记录和分析、试题编制和组卷。此外，还需要提高课堂对话的品质与能力，丰富课堂观察的方法与手段等。

在成就学校、成就学生的基础上成就自身。学校主张“从成事走向成人”，成事是途径，是中间状态，成人是目的；成人可以作为成事的重要判断准则，即在做那些事情的过程中，是否能培养人、促进人自身的发展是判断事情价值的重要依据；成人，必须在成事的过程之中，不成事是成不了人的；在成就事情的过程中，综合运用智慧、勇气和爱心，最终成就人的德行。“在教学中，学生教给我的和我教给他们的一样多。”

教别人学习是最好的学习。从这个意义上讲，教师职业是个幸福的职业。教别人的过程中，逐渐明晰自己的视阈宽广与否，境界是否够高，格局是否够全，德行是否够高尚等等。

总之，青年教师需要提高专业素养，创新教学模式，改进教学管理，提升教学能力。无论是专业成长，还是个人生命质量的获得，没有其他人可以让你幸福，除了你自己。而幸福主要取决于两个方面：第一是人际关系的和谐，第二是工作上的创造。在人际关系的和谐上，可以自身为圆心，看看周围的重要他人，学会和他们相处，按照角色的要求去行动。

在融入学校中享受，同时，也让我们感恩这个集体——谦谦君子但有豪爽之气，学养深厚但不恣意张扬，内心宁静同时充满热情，严格要求却又爱心满满。底蕴深厚才值得信赖！

第三章　求学者养成指南

相信学校，意味着相信学校内存在一大批勤奋好学的莘莘学子；意味着他们因为有教师的谆谆教诲，而变得更加敏锐善思；意味着他们在学校所创造的各类活动中，能理性选择、专注投入地参与，并因此获得综合的进步；意味着他们不断地寻找和发现自己，构建和成就自己。

求学者的真性情在于相信学无止境，并因此勤恳为人、勤奋做事、勤快省察，好好学习，天天向上。

怎样可以成为一个求学者？下面以《小孩朝前走去》作为提示。

小孩朝前走去

有一个小孩，朝前走去
她看到的，触摸到的，闻到的东西，就成为她的一部分
或者须臾片刻，或者短暂保留，或者长期拥有
摇曳的树枝，浅翔的鱼儿，凉爽的河水，淡淡的栀子花香
小孩，一路朝前走
一路有风景，一路有芬芳，一路有歌声和笑语
趟过河，越过山
既温柔又坚定
小孩，一路朝前走
慢慢地，我们心意相通
小孩，一路朝前走
渐渐地，我只看到她的背影，优雅又从容
小孩，朝前走
在做事中学着做事
在做学问中学会做学问
有时候脚步匆匆，有时候驻足凝望
人生道路的选择
在知、信、强、立、觉的醇和中
明朗、清晰和满满的希望
因为已有现实和观念的全面、真实关系

坚守真诚、真正的渴望
坚持真实、美好的自己
那些遇到的人,恰好是对的人
那些想过的生活
向阳、向善、向美
在追寻真的基础上奋斗、昂扬
朝前走

鲁道夫·斯坦纳说:"所有的教育都是自我教育,孩子在环境中教育他自己,学校和老师只是孩子环境中的一部分,身为教师,我们必须尽可能让自己成为最好的环境,因此孩子可以教育他自己,协调他自己的命运……一个教师站在讲台上,他应该穿越教室的空间,把整个世界的图景带给孩子。"这个世界的图景,以地理学科为例,蔡明老师实为榜样①。

如何在这个变幻莫测的世界,独处、共处,完成每个人独特而精彩的人生?诸葛亮的《诫子书》特别值得研读,时常品读、常读常新。全文如下:

夫君子之行,静以修身,俭以养德。非淡泊无以明志,非宁静无以致远。夫学须静也,才须学也,非学无以广才,非志无以成学。淫慢则不能励精,险躁则不能治性。年与时驰,意与日去,遂成枯落,多不接世,悲守穷庐,将复何及!

2017年底,为着更好地引导、支持和帮助南京师范大学盐城实验学校的学生树立人生目标,养成良好习惯,以"沉密神采,如对至尊"的方式持续积累。为此,学校开发了《学习质量标准手册》。以下各节,是在此基础之上的概括性提示。

后续各节内容主要是从人的成长之"内容和领域"②给出的,其内在关系如图3-1所示。

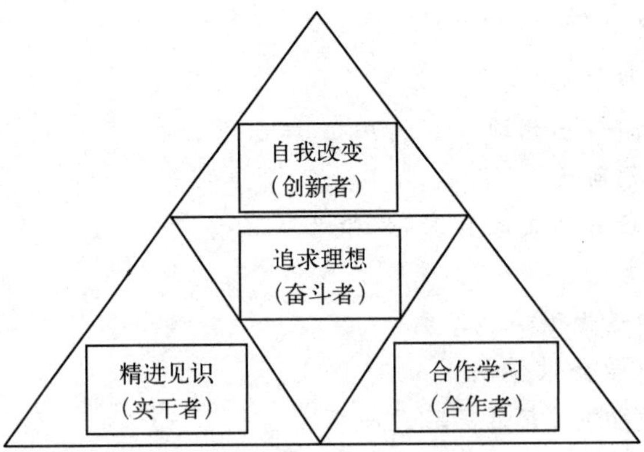

图3-1 成长的内容和领域

① 蔡明.景观·观景[M].南京:南京师范大学出版社,2019.
② 成长的一般内容和过程,在第一章第五节中有阐述,这里更多地指向领域范畴。后续的方式方法,也是基于成长的一般过程的。

"学习质量标准"则是从人的成长之"方式和方法"角度给出的,其设计的主要设想有:一是"扎根日常、不离行用",二是"可以把握、时常对照",三是"主题引领、方法指导",四是"尽力留空、期待创造"。手册采用日历、活页方式给出,在"规范与灵活"之间保持平衡。各主题及其内在关系如下表所示:

表 3-1 《学习质量标准手册》例解

方式和方法	主题①
了解何为学习	怎样认识学习;何谓教室;校园生活指南; 关于大脑;智力的多元化结构:类型、思考方式、嗜好以及有效技巧;学术性训练和活动体验的价值;认知方式偏好:类型与特征;学习中始终存在遗忘;巧用认知工具; 我们是否存在学习偏差;如何建立信心……
做好成长规划	成为受欢迎的人;撰写自己的人生之书;怎样花时间才值得;成长思维;天才的成长修炼;那时年少;怎样看待我们在做什么;三年后的我的来信;十年,或者更长……
完善学习环节	系统预习:任务和要求; 积极上课:任务和要求; 检核课堂学习; 独立作业:流程和要求。
完成学习任务	怎样完整地做事(戴明环,也被称为 PDCA 法); 怎样做笔记; 结构化自己的知识; 有效阅读:策略、要求和方法; 像科学家一样地思考:任务和要求; 探究事物的本来面目:科学研究的一般流程和研究报告的基本组成; 提问:审辨思维中的质疑; "图形化"表达……
强化成长记录	管理时间;憧憬我们的新一年;日历上的每一天;每日自我检核;每天千米跑,是什么感受;阶段测试反思记录单;新学年,不断追问自我;恪守生活与学习的基本要求。
诞生精彩观念	与重要观念相关联的术语;批判性反思;逻辑技能。

① 除了表中所列主题,还可以根据学生的反馈和要求不断增加。"诞生精彩观念"部分,这里仅仅给出了一般方法和提示,特别需要学生自己有意识地整理自己的观念:"是什么、怎么产生的、是否自洽"。可参见[美]理查德·德威特.世界观:现代人必须要懂的科学哲学和科学史[M].孙天,译.北京:机械工业出版社,2018.

可以说,“内容和领域”“方式与方法”两维,构成了“成长”的“空间”(如图3-2所示)。辅以“千日工程”的坚持,相信会创造奇迹(潜能的实现),给人以惊喜。

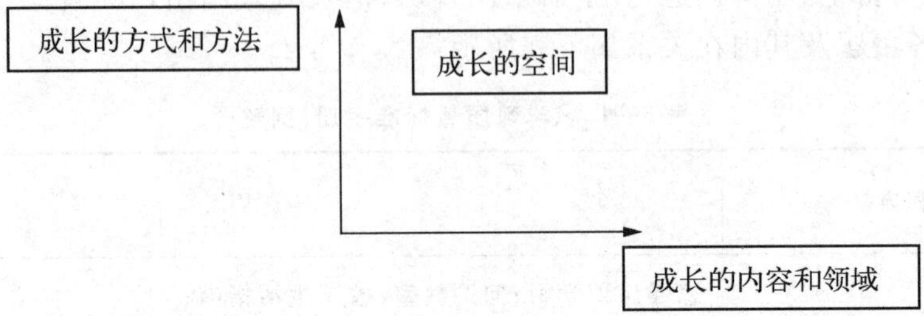

图3-2 成长的空间构成

在学生的成长过程中,办学者、教学者秉持怎样的信念和他们相遇、相处,并切实地承担起助益的职责?以《剪一段时光,我们在一起》概括之——每一个自律的孩子背后,一定有家长、教师的隐忍和逐步放手;在“管”与“不管”之间则是“守望”。

剪一段时光,我们在一起

梦中有个农园。

梦里农园,冬藏、春发、夏盛、秋实。并不求这农园有多大,也不求园里的花草有多名贵。

只愿,每棵花草和树木,完整走过自己的生命历程。草,长成它本来的样子。树,长成它本来的样子。藤蔓,也是它本来的样子。

它们,也会争水,争肥,争阳光,然而,因为巧妙的安排,都能各得其所。

因为花香,鸟儿来为它们歌唱。因为果实累累,少不了分给邻人。

我是那个农人。

农人,看待自己伺候的花草,尊重它的种子蕴含的一切潜力和可能,精心地提供土壤和肥料,给予阳光的照应和雨露的滋养,并不去替代花草自身的萌发和拔节,只愿它能茁壮,一分又一分地将生命中潜在的东西表达出来。

农人常常需要自问:“我能为你做点什么?”有时候,什么也不需要做,只需默默地看着,风在吹,草就在拔节,树就在轻轻摇曳;有时候,是需要埋头劳作的,去掉枯枝烂叶,去掉病虫肆虐的枝叶,不使它蔓延,小心地在根子上施肥,不伤根;有时候,看着主干部分遒劲有力,你自可待枝繁叶茂,花团锦簇。

农人,在田里劳作。这何尝不是,剪一段时光,留给自己,让自我与心灵和解,和谐?!

我邀他们来到我的农田。

孩子们天生就有和小动物、花花草草亲近的愿望。我邀请他们来我的农园。他们和我一起,我和他们一起。叽叽喳喳的他们,欢快得如同雀儿。

有时候，我会恍惚。花草的昂扬，儿童的蓬勃，影像会重叠起来，甚而融为一体，分不清什么是什么。有时候，返回我心，离开了他们，或者是他们离开了我。

我想，这世界上，最有意思的事情，一个是体验生命的丰富升华，另一个是参与他们的生长，繁华茂盛。

农人如我，教师如农人。我很幸运。绚丽、多彩，敏感、细腻，如此律动，我能感受，我能看到，甚而可以触摸。

我愿辛勤劳作，栖居如诗。

第一节　何谓求学者

所谓求学者，就是那些取得进步，且持续努力的人。所谓进步，即离自我承诺更近。①

这种自我承诺，首先在于某种信念。

安徒生在《谁最幸福》的童话中讲述道：花园里，第一朵最美丽的玫瑰作为一位伤心母亲哀思的寄托，永远地陪伴在小女孩的坟墓里；第二朵即将凋零的玫瑰经过园艺工人的手，成了香膏；第三朵好看的玫瑰通过画家的笔而永远美丽；第四朵玫瑰有缺陷，歪长在枝头，经过烟熏而成了独特的绿色；第五朵也许是最好看的、含苞待放的玫瑰先是被献给了年轻貌美的女舞蹈家，后来成了让老妇人焕发青春的、断了梗的玫瑰；最后一朵，也是最年轻的玫瑰，便是母亲最喜爱的唯一的孩子。花园里的每一朵玫瑰花都有自己的一段故事。然而，每一朵玫瑰都相信自己是最幸福的，这种信心真的使它们很幸福。而且，阳光、雨露和风，都认为它们是自己的孩子。

这种自我承诺，其次在于成为想成为的。

亚里士多德说过："每一个人都在寻求成功，但是只有一条道路可以通向彼岸，那就是为别人提供价值。"能为别人提供价值，一是"做好自己能做的"，二是成为真实的自己。

第一，何谓真实的自己？人的本性越是充分地展开，人就越发地可以信任。每个人首先是独立的个体，他追求被接纳、被理解和共情，只有真诚和主动的当下存在，每个人才能够实现自己的积极潜能，这种积极潜能的实现，表现为爱心、激情、自信和恳切。爱自己、爱他人、爱社会，爱身边的物；热切地投入当下的生活，坚守信念，憧憬美好，有切实的存在感；有勇气选择并实现个人的人生抉择，有强烈的责任感，勇于担当；有自省的力量，坚信自己的所思、所为朝向正确的方向，有助于实现自己的理想。

① [美]丹·苏利文，[加]凯瑟琳·野村．终身学习：10个你必须掌握的未来生存法则[M]．吴果锦，译．武汉：湖北教育出版社，2018.

第二,真实的自己有怎样的意义?真正彻底的个人,就是社会的。最个人化的东西,就是最普遍的东西。从长远来看,表里不一,是没有益处的;接纳一个不完美的自己,更容易实现自我;理解他人的同时,也可以使得自己更为丰富;一个真实的自己,会倾向于克制"安排一切"的冲动;真实的自己,会努力去完成那些值得去做的事情;真实的自己会尊重自己的体验和感悟,并保持经验的开放;真实的自己,能享受发现规律的乐趣;真实的自己,会坚信"事实是友好的",会坦然接受现状。

第三,如何成为真实的自己?相信我们都有积极的心向。当远离人格面具之时,逐步自我实现,逐渐成熟成长,社会化程度越来越高。有一种基本的路径是:聆听自我,自我探究,发现潜能,自我导向,确认自我价值,保持灵活性,自尊与尊重他人的变化。从礼仪和教养中获得和谐一致的感觉。一些主要的方法有:专注于阅读,获得并理解他人对世界的观感;以多种文体去表达自己的真实感受;远离城市生活中的种种"诱惑";尝试独立的、有益的冒险事业,因之变得更为敏感;掌握人际沟通的工具,灵活运用它们,监控自己的认知过程和情意发展过程;获得对科学的基本感受,在探究中掌握科学知识,养成对科学方法的尊重;坚韧而且持久的友谊,让自己获得源源不断的感情力量;每隔一段时间,尝试提出质疑,包括对自己,尝试追问"这是好的吗,能行得通吗,有效果吗";充分发展自己的艺术眼光并掌握至少一项技能,以之观察和体悟周围的世界;以数理的方式,来阐释世界发展演变的内在规律。

如前所述,真实的自己,会努力去完成那些值得去做的事情。每个领域都有重要的工作。人们需要认真思考和行动的是,持续地去发现与确认自己的兴趣、爱好和特长所在,彰显优势项目,向同伴学习,弥补不足和缺陷,形成具有魅力的独特人格。只有这样,你才可能知道未来方向在哪里,才可能尽快地把握住当前阶段的成长任务,才可能在未来去承担自己感兴趣的领域中的重要工作。

这种自我承诺,另外,还在于坚持行者的姿态。

让灵魂变得越来越高的飞翔姿态——砥砺智慧以及掌握人类生存技巧的跋涉,这是行者的姿态。外在的规则和规训,所能给予的是"我应该";内心的所思、所悟,能给予的是"我愿意"。单纯的前者,将可能变得"优秀";单纯的后者,将可能感受"快乐"。如果在两者之间持续地穿行、追问,将快乐地成长。比年入学,意味着尊重基本人性、张扬个性、锤炼教养,从少年成长为青年,奠定基本的价值观和生活态度。这样的成长需要将精力、兴趣引导到最能发挥潜能、积极学习的方面来。比如,认识到学习的重要性,期待成为有用的人,期望提高本领,因为努力而光荣和自豪;对学习的各领域感到神秘,产生好奇,觉得有趣,认为学校和课堂有吸引力,体验到满足和快乐;能在各种场合寻找到学习新知识的机会,有疑则问;想上学,主动安排学习活动。涉及人的修养方面,有几个关键点:第一,知取舍。精力总是有限,权衡总是必须,轻重缓急总要拿捏,待人接物总得有分寸。第二,善交往。面向他人,对他人的诉求有积极的回应,用友善的态度、同情的心态,换位思考、感同身受、尽己所能、助人,融于集体,让团队变得更为优秀。善于自我控制情绪，给他人带去更多的欢声笑语，令人精神愉悦。第三，严律己。严格自我要求，奋发进取，自励而不自大，自谦而不自卑；目标明确、勤奋认真。第四，敏感知。有丰富的想象力，有逻辑思维能力，有创新意识和创造能力。第五，耐挫折。行为自觉，勇敢果断，坚韧不拔。

作为社会的一分子，我们又处于理解规则、追寻自由的道路上——人类对自由的普遍向往，使得人们创生出规则来保障每个个体最大程度地获得自由。规则既在于对客观规律的把握，也在于对未来美好人际世界的创造。规则是流变的，随着人们认识的深入和拓展，所制订的规则也在演化发展着，但其演化是朝向"自由"的。自由，在不同的时代，人们的理解也在嬗变。如同一个小孩子，当他将自我作为世界中心的时候，为所欲为，自作主张，就可能发展不良，社会化程度低；随着共同生活的经历、遭遇和碰撞，他将越来越认识到规则的重要性，并在一定程度上对绝对自由加以克制。

概括起来说，这个自我承诺就是人生幸福、自我成就以及服务他人。因为有此，所以时常自我追问：我要做什么，做到什么程度，怎么说明做到了以及我将怎样做。

自我承诺，取得进步，才能自尊自信，自立于这个世界。我们需要学会学习，学会交往，学会做事，学会成人，学会改变。

将为人的使命和取得进步相结合，是求学的原则。

自我承诺取得进步，是结果，而非追求的唯一。

只有渴望成长并为此做好准备的人，才有未来。

求学者，要注重锤炼关键能力，自我改变、精进见识、合作、追求理想。因为求学者是自我实现的人，是为他人做出贡献的人，是推动社会进步的人。

求学者特别需要关注那些贯穿学习生涯的关键特征——

证据：我们如何知道自己知道了什么？证据是什么以及如何相信它？

观点：我们是从谁的观点来看、听和读？从什么角度和立场？我们听到的是谁的声音？其描述或者想象来自何处？

联系：事物、事件或者人物之间是如何联系的？原因是什么？结果是什么？事物在一起是相互适应的吗？我们还知道与之适应的其他事物吗？

推测：什么是新的？什么是旧的？我们以前超过了它吗？假如……将会怎么样？

适切性：那又怎样？它为什么重要？它的全部意思是什么？它有什么不同？谁关心它？我为什么应该关心它？

第二节　自我改变

自我改变的人，才有可能成为创新者。他们从心灵与精神层面去意识到改变的可能空间。这样的人可以适应变化多端的世界，可以顺应未来的多种可能。

在实际的行为上，自我改变的人擅长自我画像，并确立阶段性的节点——以始为终，以终启始。在追求阶段性目标上，他们通常能够直面挑战，确立自己的任务，并开足马力前进。自我改变的人不会自我设限，更不会自我贬损和自我降格。相反，他们以满分前进为中心，全心全意展开学业，修业进德，并不会因为优于他人而不安。

自我改变的人，不会让自己呆在舒适区，而要去扩展它：更大范围、更广领域、更高层次、更深关系。他们相信：历史是当下人的理性和自信；未来的形象总会在梦中出现；发展就是在历史与梦中行走。

要做出自我改变，可以尝试从以下几个方面展开：

第一，志存高远，服务社会。一个人越是能尽早地找到自己服务他人、贡献社会的具体方式和领域，则越能体会到人生的富足和价值。如用 PERMA 模型来理解的话，可以更精致一些：P 是积极的情绪，E 是投入，R 是人际关系，M 是意义，A 是成就。

第二，认清自己，敢于优秀。我是谁，具有怎样的特质，是否接纳了自己的感觉，能否与自己好好相处，如何确认那些所知道的，是否谨慎地辨别个人经验的局限性、观察中的偏见以及他人报道中的误导，是否警惕个人记忆的被塑造性——比如被删除、被简化、被构建？期待成为怎样的自己，这是否得以确认，能否相对完整地对这个自我期许进行准确的描述，将如何通过一步一步的努力，一串一串坚实的脚印，来成为一个完整的人，一个精神丰盛的人，一个能够真实自我展示同时又受到他人欢迎的人？善良、健康、阳光、快乐、优雅、勇敢、智慧、自信、独立、坦荡、真诚……这些，是否一直被我们珍惜？

在敢于优秀方面，有一些可以自我寻找和对照的法子：拥有一本百读不厌的经典，温故知新，常读常新。坚持一项确有兴趣的探究，深度学习，成为特长。养成受益终身的习惯，长期坚持，成为自己的第二品性。把握一套卓有成效的方法，综合运用，相信科学。拥有一双发现美好的眼睛，富有情趣，崇尚美学。

教育的英文 education 有向外引导的含义。教育，是使人成为他自己。而要让人成为他自己，有一条必由的路径，就是由内而外，就是从本质上诱导其变化。

第三，试图完整，日积月累。这里特别强调主动！即使尚未找到劳作的目标、价值和意义，依然可以在方法层面上取得主动。否则，辛勤的劳作就成为苦役。而如果我们在方法层面采取主动，当看到其成果时，一则可以收获心灵的满足，二则可能开掘出活动的意义来。向着长期的目标，坚持自己的激情，即便历经失败，依然能够坚持不懈地努力下去，这种品质就叫作坚毅。① 无论在何种情况下，比起智力、兴趣、人脉等因素，坚毅才是最为可靠的预示成功的指标。细节上有诚意，严肃又松弛，认真而又享受。

第四，更广范畴，更高平台。有时候因为局限于所处环境，往往容易出现“坐井观

---

① [美]卡罗琳·亚当斯·米勒. 坚毅：培养热情、毅力和设立目标的实用方法[M]. 王正林，译. 北京：机械工业出版社，2019.

天”的状态，需要对此警惕。然而，仅仅警惕是不够的，更需要抓住机会，到更广的天地中去：克服“小富即安”的想法，坚持“弄斧到班门”，不露怯，将自己“投”进去。在更高的平台，你才会发现优秀者的“高不可攀”，才有可能真实地产生“见贤思齐”的念头！

第五，审辨思维，善于追问。关于思维，这里引用《思辨与立场》中对思维标准的论述，以便对照。清晰性：能就那一点作详细阐述吗？能换个方式来表达那一点吗？能给我举个例子吗？准确性：它是真实的吗？该如何检查它是否准确？该如何探寻它是否真实？精确性：能否提供进一步的细节？能否更具体一些？关联性：那些问题如何与议题有关？这一观念如何与其他观念相关？深度：如何考虑问题中的各种难题？如何处理问题中最重要的各种因素？广度：是否需要考虑另一个观点？是否存在看待这一问题的不同方式？从其他立场看，会怎么样？逻辑性：这些放在一起符合逻辑吗？这些都能根据所说的得出吗？这些东西如何根据证据推导得出？之前用的是这些，现在说的是那些，人们不能理解两者何时为真。重要性：针对这一议题，需要的最重要的信息是什么？在某个背景中，为何那个事实很重要？公平性：对于给出的证据，思维公平公正吗？这些预设公平吗？①

第六，勤于复盘，每日复习。所谓复盘，就是将自己的经历予以重现，以咀嚼，以领悟，以升华。所谓复习，就是温故知新和牢固掌握。

第七，自立榜样，对话交往。一是身边的榜样，时常对照，时刻可学；二是中外历史名人，读传记；三是行业高手，去结识，去请教。

自我改变者，用更大的愿景、清醒而理性的头脑，以日拱一卒的决心，寻求榜样，敢于突破自己等路径，发现更好的自我，探索更广阔的世界，定义更美好的未来。

第三节　精进见识

精进见识的人，是实干者②。

在精进见识上，有几个必须的步骤：

一是炼制知识。要使知识成为自己的一部分，须采取具身认知的方式，尝试知行合一，坚持身体力行。

二是修炼思想。这意味着用头脑去认真地理解，采用去粗取精、去伪存真的方式萃取事实，并采用逻辑加工的方式，使之成为自洽的体系。

三是凝练观念。让观念成为一种拼盘，丝丝入扣，并用尽可能简单的形式表达，使之精

① [美]理查德·保罗，琳达·埃尔德．思辨与立场：生活中无处不在的批判性思维工具[M]．李小平，译．北京：中国人民大学出版社，2016．

② 宗萨蒋扬钦哲仁波切．八万四千问[M]．严望佳，戚淑萍，译．深圳：深圳报业集团出版社，2016．

彩。即具有正确的表达力和充分的感染力。

四是锤炼能力，能做得出，能做得成。

在精进见识上，还有一些其他重要内容：刻意练习、释义倾听、优化习惯、脚踏实地、立刻执行、解决问题、重视成果。

刻意练习。《一万小时天才理论》告诫人们，任何人要在任何领域成为专家，如果没有一万小时的刻意练习，则基本不可能。释义倾听。当我们在听取他人的意见、建议和讲解时，有必要持续地转换表达方式，并征询对方的意见，“是否和你的表达一致”；当我们不明白对方语义所指的时候，需要追问。这能保证听得准确，减少歧义。优化习惯。可以列出自己的习惯清单并做出评估——哪些是很好的、需要坚持的；哪些是不那么好的、需要着手自我改正的；哪些是无所谓好、无所谓坏的。脚踏实地。首先是气定，其次是能“耐得住烦”，有时候还需要“深呼吸，从头再来”，最后是学会“自我检查”是否“足够”。立刻执行。很多好的事情，可能并不是没有坚持而是没有起步。立刻执行，面对一件“宏大的事，不能因恐惧而停止前进，而是将一件事的开始，分解成最容易着手的部分。解决问题。首先是触及问题，明了问题所在，尝试表征问题。其次是分析问题的构成。进而寻找解决问题的多种方案。最后才是优选方法并执行。重视成果。就是要将工作和学习加以“显性化”“可视化”。

精进见识者，特别需要养成和发展成长性思维，并不断地自我修炼。所谓成长性思维，是一种让人处于不断进步和成长中的思维方式，很大程度上在于人如何选择确立自己，怎么花时间，如何在特定人际空间的相互作用中构建自己（如图 3－3 所示）。①

图 3－3　主动选择、开明思想、开放经验、积极实践、自证进步

① ［美］比尔·波特.空谷幽兰［M］.明洁，译.成都：四川文艺出版社，2018.

［美］亨利·米勒.北回归线［M］.袁洪庚，译.南京：译林出版社，2013.

作为肯定性回应的日常用语 YES，在这里演变成了超级符号。当然，“YES”也是“盐城实验学校”的英文首字母，我们同时进行了新的诠释——“拥抱卓越”，以期待它成为一般口号。

图 3-4　将学校超级符号与核心价值联合起来，可成一般口号：梦想扎根、成长思维、无惧挫折、拥抱卓越、确立自己

第四节　合作学习

合作中，有领导者，也有参与者，还有促进者，他们是合作者。在“我·你”关系中学会合作，建立信赖，积极沟通，全心全意，身心合一，共享目标，担负责任；多元包容，各美其美；追求卓越，协同共进。下面以学校中的伙伴关系状况来加以分析：

那个被称为学校的地方：自主的、自豪的、自由的。

为什么到学校去？普通高中，是为那些暂时还没有想清楚未来具体做什么，但极具专注的热情以及持久的韧性的人而准备的。想要成为你想成为的，因此来到学校。好学校，意味着梦想的诞生，意味着精彩观念的诞生，意味着严格自律行为的养成。

在学校怎么感受到丰富与有趣？丰富不等于凌乱，丰富，是足够，是可选择，是自成体系，是逻辑自洽。任务本身很少具备所谓的有趣。有趣，是人为的，是人们认为的，被赋予了积极意义。

如何将学校生活变得充实而奋进？充实感的产生，是因为有目标，是因为被执行，是因为有所得。奋进，是保有好奇，是勇于承担。

每天清晨，昂首挺胸，器宇轩昂，和阳光打招呼，向师长致敬。我希望求学者是这样有准备地进入校园。

假如，被问及“最近过得怎么样”，我建议这样来组织叙述：第一，我有一个梦想，此心未改，因为我相信；我最近的目标是什么，这是梦想照进了现实；我近期做成了几件事，这是目标达成所必须的。这是建设性的。

有时候，我们无需证明自己，而是要提高自己。这才是真正的自主。

每个人坚定地维护好集体的形象。这才是自豪。

我们，既有成为自己、做最好自己的最大空间，同时，应尊重他人的原则。这才是辩证的、真正的自由。

你，谱写你的学校。

那个被称为同学的家伙：沟通的、合作的、创造的。

学会和同学相处，方式是沟通，根本意义是能够与自己和谐相处。要学会理解他人的观点，共情他人的情绪，同时真诚地、谦逊地表达自己。沟通，一是发现彼此的差异，二是要一起寻找产生差异的原因。请注意，这是智慧。你是独立的，也是合群的。

同学即伙伴，即合作。过去，我们常常倾向于“补短”，未来，更需要我们学会“扬长”。团队，成为我们的生存样式。没有完美的个体，只有完美的团队。合作——是你有你的，我有我的，一起拥有彼此。合作，方能共进。

这是一个智慧设计的时代。低水平的、重复的劳动，会被机械所代替，越来越多的工作由机器人去完成。那么，人的价值和尊严何在？创造，是人类的天性，只有创造，才是人类的终极尊严之基。我们越来越需要学会妥善利用好这个天性。

同学之间是“比、学、赶、帮、超”的关系和连接。

比什么，不比什么。比那些通过努力能够达成的，如做人做事的靠谱；不比那些先天的条件，比如所谓聪明。“小聪明”是先天带来的，“大智慧”是后天修得的。不要和姚明比身高，每个人都有自己的优劣势。不要与同学进行物质上的攀比，家庭财富是父母创造的。比清爽干净，周正得体，那才是你的。

学什么，不学什么。学好，不学坏。从善如登，从恶如崩。谈吐雅致得体，不学污言秽语。学“秋水共长天一色，落霞与孤鹜齐飞”，不学“真漂亮，你看，水，鸟”。

赶，你追，我赶。对于同学的进步，需要真诚地给予肯定与祝贺，更需要激发奋起直追之心。

帮，举手之劳，力所能及，共同进步。自助助人，己立立人，己达达人。请记住，“不给他人添麻烦”。物品使用之后，要归于原处；空间使用之后，要恢复原貌。

超，自我超越！今天的我比昨天的我更好。请记住，我友善地对待他人，给予他人以帮助，是我对自己的要求，而非对方如何，与他人无涉。由此，掌控自己的未来。

你可以和同学做很多有意义的事情。比如项目研究、兴趣发展。志趣相投者，联合起来，组织起来，一起做喜欢做的好事情。

你，被期待成为“未来社会进步的积极参与者”。

你若盛开，蝴蝶自来。

你，界定你的伙伴。

那个被称为老师的他人：重要的、跟随的、求助的。

老师，至少影响了你的心情。老师，您若善解人意，我则乖巧懂事；老师，您若井井有条，我则有条不紊；老师，您若深刻体贴，我则切己体悟；老师，您若循循然善诱，我则切问近思。

老师，还可能让你感觉到世界的奇妙，那是感动内心天地的力量，是豁然开朗的欣喜，是重新发现自我的激动。请注意，不要随意感动自己，但要拥有这个力量。

老师，可能给予你一些指点。"××，我看你可以做成什么，你不妨如此这般这般，我相信你哦，我关注着你哦。"若被如此对待，咱得努力，对不？好吧，被期待的感觉很棒。

你，要学会主动约谈你的老师。

不妨循着以下的思路展开对话吧！第一，我想做个什么事情，老师，您觉得有意义吗？第二，为了做成这个事情，我想如何去做，您看，此路可通？第三，为了做好这个事情，老师，我需要您给予我什么帮助，可以吗？

这是约定，更是承诺。

你，荣耀你的老师。

未来，万物互联，一切现实皆可投射于虚拟之中，模拟即现实可呈现；万物共享，个人需求凸显，个人价值彰显于为他人的服务品质之中。请不要忘记自己的初心，不要改变初衷，不要忘记对自己的承诺，不要失信于自己。

一个主动的人，一个进取的人，一个自信的人，一个自立的人，一个自强的人，一个坚守的人，让浮躁离开，让自己谦卑起来。

当然，别忘记，生活需要时常找点乐子。

你，定义你的美好未来，定义未来的美好。

请一起书写：积极"上"进，适可而"止"，每日用功，止于至善。

总之，合作是一种关系状态，在实现个体"己立"的基础上，合作使我们在各美其美之后，实现美美与共，服务他人，贡献集体，让周遭环境更美好。

第五节　追求理想

求学者，是专注的，是具有"匠心"的。求学者，是自我实现的，也是为他人做出贡献的，这同时可使得社会更加美好。

这是个开放的时代，这个时代，每个人都有更大的可能找到自己。我有一个梦想，梦想是伟大的目标，梦想能照亮现实。梦想要以近期目标来承载，近期目标指引前进的道路，可执行，可检测。梦想和目标缺一不可。

释放好奇心，抛弃“我不能”的说辞，勇敢坚定地去“我试试”：(1)生而为人的使命；(2)为人生找方向和意义；(3)追求幸福生活的能力；(4)自立自强，成为更好的人。

在追求理想的过程中，有四点需要时常自我提醒。

一是入门。这需要师傅领进门，introduction，向内引导。通晓学科的大概念、基本问题和重要思想。《无言的宇宙——隐藏在24个数学公式背后的故事》是本好书①。

二是还原。这需要揭示，更需要去追问本来是怎样的，如何删繁就简。所谓reduce，即务本引导。《最初三分钟：关于宇宙起源的现代观点》会指引你学物理。②《人类简史》极具洞察力③。

三是推理。这是尝试由此及彼。我们需要沿着推理的长廊前进。所谓“deduce”，向下引导。《怎样解题：数学思维的新方法》堪称典范④，不仅仅指示如何解数学题，在人生课题的解决上，此书也可作借鉴。

四是创造。综合所有，运用所学，向前引导，就是创造。这同时意味着创新、行动和服务。《思考的艺术：非凡大脑养成手册》教导人们如何正确地去想。⑤《如何阅读一本书》《如何听，如何说》⑥则是人文主义教育者提供的学习工具与方法的指南。

追求理想的人，有必要给自己的人格画像。在找到自我之时，你会散发璀璨光芒，内在力量也随之昂扬和蓬勃。此后，更多成就成为可能，拥抱理想成为可能，实现真正的自我成为可能。

---

① [美]达纳·麦肯齐. 无言的宇宙：隐藏在24个数学公式背后的故事[M]. 李永学，译. 北京：北京联合出版公司，2015.

② [美]史蒂芬·温伯格. 最初三分钟：关于宇宙起源的现代观点[M]. 王丽，译. 重庆：重庆大学出版社，2015.

③ [以色列]尤瓦尔·赫拉利. 人类简史：从动物到上帝[M]. 林俊宏，译. 北京：中信出版社，2017.

④ [美]G. 波利亚. 怎样解题：数学思维的新方法[M]. 涂泓，冯承天，译. 上海：上海科技教育出版公司，2007.

⑤ [美]文森特·赖安·拉吉罗. 思考的艺术：非凡大脑养成手册[M]. 马昕，译. 北京：世界图书出版公司，2010.

⑥ [美]莫提默·J. 艾德勒，查尔斯·范多伦. 如何阅读一本书[M]. 郝明义，朱衣，译. 北京：商务印书馆，2004.
[美]艾德勒. 如何听，如何说[M]. 吕捷，译. 北京：商务印书馆，2008.

尾声　学校的价值

本书的三大组成部分，从“办学者、教学者、求学者”的实践需要入手，不回避现实问题，勇敢地面对它，试图智慧地超越它。这种样式，我想，是有着优秀的传统的，比如《论语》《金刚经》《传习录》是师生对话录，《道德经》则是经过整理的面向“士、王”的问答，它们均指向人们的实践所需，揭示着“文章合为事而作”。此外，斯坦尼斯拉夫斯基的日记体《演员自我修养》也是榜样。

感谢指导和勉励我写作此书的暖心话：“我期待是一部实践之作，教育是实践的艺术，教育家更是在实践中造就的教育英才。我期待是一部接地气的著作，反映过程，表现常态，关注细节，在这样的过程中表达对生命的理解，对社会的责任，对事业的忠诚。我期待是一部智慧之作，反映现实更需要有超越之举，面向未来更需要勇于探索，面对矛盾和困难更应该信仰教育理想。我希望是一部面向更多青年教师的指导用书，他们决定教育的未来，能对他们有所帮助可能更有价值。”

修炼、精进、养成，都是动词，突出过程，是反求诸己、精益求精和耳濡目染的结合，是向内清晰省察和向外刚正圆融的主张。由此，人们可以获得静默的力量和咬牙坚持的韧劲。

办学者、教学者、求学者，于作者而言，三种身份是融合一体的，同时，教育作为人和人的美好相遇，“我相信你”“你鼓舞了我”是最好的关系描述；笔记、手册、指南，是动态生成的、流变的、开放的、邀请性的、合作的，希望能够呈现出从哲学思辨到实践反思，从如何想到如何做，从体系完整到重点突出，从宏观审视到微观体验的平衡。从时间维度来看，既是过往总结提炼，也是未来目标鞭策——美好的愿景追求，敬恪的探索旅程，宁静的心灵建设。

学校，在“混合学习”的视野下，将越来越聚焦于设计课程（学校课程）、自主学习、师生的有序反馈和交流、管理教学的过程和质量。

人们何以相信学校？一个人，一个单位，一个组织，若是“可预测的”，意味着言行的一致，内外的协同。借用“品牌认知”这个概念来考察，若是在所有的“触摸点”上，人们能够不断地观察到、体验到其“向外承诺”与“内部管控”之间的相辅相成，则建立起“相信”——认为正确、确实而不怀疑；品质上有保证，服务上靠谱。进而，在寻求支持、获得帮助、要求服务之时，就会“相信他，委托他，任用他”。可以说，相信，是理智的省察、情感的认同和行动意向的一致之间的统一。

如果将学校看成是空间，则这个空间中的关系是如何被设置与生产着的，这可以用来审视学校中人和人是如何相处的，他们因为相处产生了怎样的变化。可以说，学校的存在是为着与美好相遇。

如果将学校生活看成是时间的度过，那么活下去，活出精彩就是生命旅程的必然需要。可以这么说，一般意义上的“活好”是人之为人，人怎样过好自己的一生或者某段时光，追寻生命尊严和意义的通俗概括。“生而为人，如何选择过一生”这样的命题常常萦绕在人们的心头。因此，从长者那里获得启发，从智者那里获得点拨，从自身的经验和生命体验出发，才能获得解答。

作为教育专门机构的学校，在新的时代，特别是中小学阶段应如何发挥出其“基础性”，人们一直在追问着和改进着。

办学者设置学校这个场域的关系应然，教学者和求学者的相遇，则创造出可能的“我・你”关系。

教育的目的是成其所是；教学的目的是促其所能；教育教学的积极作用于人，则是实现潜能、推动成长，即“助益其能”。它是指向结果的，是对现实教育教学中“主观上号称为你好，实际上面目可憎、言行不讨喜”的纠正和超越。追求这个结果，可以使人们更坚定地树立起“学生立场”，让教育教学方式更能为学习者所接纳和喜欢，更具有针对性和适应性。“在消极的方面限制人，压抑人，绝非文化人生进程中一件合理想的事情。最合理想，只有在正面、积极方面诱导人、指点人，让人更自由地来选择，并还容许人更自由地提供和创造。”①

可以说，关于教育和学校的“助益”价值的本质特征定位，是本书的核心概念之一，本书第二章第二节详细给出诠释。类似的，“成就自己、助益他人（社会）”也可以成为学校确立培养目标的原则和培育学校文化的基点。进而，从学习者（受教育者）的角度看，如何才能更好更快地获得成长？一般意义上说是“纯净智力和情感，愿意接受教育”（苏霍姆林斯基语）或者是“可教育性”“有余力，则学文”，也可借用维果茨基的“思维”概念，以“成长思维”来指称。成长思维是本书的第二个核心概念。如果我们看待一个人是从他“如何想，如何做”入手的话，想，很大程度上决定了如何做；做，又在一定程度上揭示了怎么想。如果我们仅仅关注如何做，很容易陷入控制的泥沼，走向被奴役的人生。如果我们仅仅关注如何想，也难免流于空泛，滑向虚无主义的深渊。可以说，成长思维切中了核心素养的根本和关键。

以上两个核心概念连贯起来就是“教育和学校的价值在于助益成长，成长的最关键领域是形成成长思维”。

何以助益，何以成长？这有赖于教学者的教育服务。这里的服务既包含了“人人应该以服务为目的，不当以夺取为目的”（孙中山语），也有着“为别人做事，满足别人需要”

① 钱穆. 人生十论[M]. 桂林：广西师范大学出版社，2004.

的“履职”含义。可以说，“为谁服务、服务能力大小”决定了人生的格局和意义。教育服务，要求教师具备“贤者”的利他精神，为所有学生提供公正无私的服务，即“有教无类”；要求教师具备“王者”的无为意识，“道生之，德畜之”“道而弗牵，强而弗抑”，以至顺其自然，因势利导，即因材施教；要求教师具备“智者”的互惠信念，“上善若水”般的“利万物”，既“物形之，势成之”，也“生而不有，为而不恃，长而不宰”，即“自度度人”。

概而言之，教育者秉持服务之心，着力于学习者成长思维的养成，助益其能，使人成为他自己，并在此过程中，有益于他人和社会，构建当下生活，奠基美好未来。

这是学校的价值，相信这个价值，意味着相信学校。因为相信，人们具有恬淡的心境、完整的人格乃至富足的人生，一如“人，辛勤地劳碌，诗意地栖居”。以下的《初夏》共勉之。

初夏

你说，明天很远，珍重当下。

是的。

清风拂着面庞，我去感受脸上不同部位的差异。

只要去辨别，不用追究什么。

一片叶子长出来了，今天比昨天又大了一圈，颜色也深了一些。

小河里，因为一场大雨，水涨了一些，鱼儿更欢畅。

草，在结着它的种子，它自己一定很在意。

空气中洋溢着蔷薇的香气，阳光下，是涌来的，容不得你拒绝它。还记得昨儿晚上，是丝丝的，是幽幽的。

那孩子，脸上荡漾着似笑非笑的表情，走路也轻盈，想来是觉察了什么。

同事说话声音低沉缓慢，好像每个字都是从心底里流淌出来的，说了什么似乎不那么重要，听，就足够了。

那个曾经让我有点不怎么喜欢的人，说着的话，也很有道理咧。不知怎么的，这人什么时候变得理性通达起来了。

让自己安坐下来，以一种最舒服的姿势，可以坐很久，却不觉得累，内心就有声音出来了，那是以你为重的，以你为尊的声音。

白天里，你触摸着周遭的人、事、物。

深夜里，一杯茶，一本书，茶的味，书的字句，倒让你想起了亲人的叮咛。

阳光撒下来，既不焦也不躁，暖暖的，亮堂的，这就很好。

天空，近处蓝得让人心颤，远处有一些白云。

参考文献

教育部.中小学教师职业道德规范[J].人民教育,2008(18).

顾明远.核心素养:课程改革的原动力[J].人民教育,2015(13).

钟启泉."批判性思维"及其教学[J].全球教育展望,2002(1).

李慎民.以人为本的科学内涵和精神实质[J].中国社会科学,2007(6).

郭文革.再论在线学习的灵活性:教室将变成一种"轻"资产[J].中国远程教育,2017(1).

王定华.启动学校品质的提升[J].人民教育,2015(12).

沈斌.新课程呼唤地理教师走向专业自觉[J].地理教学,2007(8).

刘霞,朱志刚,沈斌.基于数字布鲁姆的参与式评价——以初中地理学力评价为例[J].中国电化教育,2011(12).

叶丽丽,沈斌.区域认知素养解读与培育策略[J].中小学教师培训,2018(9).

刘霞,沈斌.基于"数字布鲁姆"的初中地理学力评估[J].中学地理教学参考,2011(10).

叶丽丽,沈斌.基于初中生区域认知能力的课堂观察实践研究[J].中小学教师培训,2019(10).

沈斌.新课程呼唤主体间性地理课堂[J].中学地理教学参考,2007(4).

叶丽丽,沈斌.初中生区域认知能力的维度构成与表现水平划分[J].地理教学,2019(9).

沈斌.精品课:挖掘和分享优秀教师的教育实践智慧[J].中小学教师培训,2007(4).

沈斌.建立"公开课堂"制度[J].中小学教师培训,2009(8).

沈斌.美丽源自教育专业自信[J].课程与教学,2006(6).

沈斌.睿智,源自教师专业判断[N].中国教师报,2008-2-27.

沈斌.教师做研究需要新思维[J].中小学教师培训,2008(6).

上官子木.创造力危机:中国教育现状反思[M].上海:华东师范大学出版社,2004.

沈复.浮生六记[M].北京:中国画报出版社,2010.

王阳明.传习录集评[M].北京:九州出版社,1985.

林语堂.苏东坡传[M].北京:北京联合出版公司,2013.

钱穆.人生十论[M].桂林:广西师范大学出版社,2004.

钱穆.文化学大义[M].台北:联经出版公司,1998.

胡适.四十自述[M].北京:民主与建设出版社,2015.

梁实秋.我把活着欢喜过了[M].南京:江苏凤凰文艺出版社,2017.

孙培青.中国教育史[M].上海:华东师范大学出版社,2000.

施良方.学习论[M].北京:人民教育出版社,2001.

钟启泉.课程的逻辑[M].上海:华东师范大学出版社,2008.

李晓文.青少年发展研究与学校文化生态建设[M].北京:教育科学出版社,2010.

乔建中.教师教育心理学[M].合肥:安徽人民出版社,2015.

刘庆昌.教育哲学新论[M].北京:科学出版社,2018.

包亚明.现代性与空间的生产[M].上海:上海教育出版社,2003.

包亚明.后现代性与地理学的政治[M].上海:上海教育出版社,2001.

傅国涌.美的相遇:傅国涌教育随想录[M].上海:华东师范大学出版社,2017.

韩鹏杰.道德经说什么[M].南昌:江西人民出版社,2019.

傅强,冯宗智.品尝变革——学习型组织建设可以从“世界咖啡”开始[M].北京:机械工业出版社,2013.

查有梁.教育建模[M].南宁:广西出版社,2000.

蔡明.景观·观景[M].南京:南京师范大学出版社,2019.

刘庆昌.教育哲学新论[M].北京:科学出版社,2018.

张展晖.掌控:开启不疲惫、不焦虑的人生[M].北京:北京联合出版公司,2018.

余世存.非常道:1840—1999的中国话语[M].上海:上海三联书店,2015.

桑楚主编.把时间浪费在美好的事物上:人一生要看的电影和要听的唱片[M].北京:中国华侨出版社,2016.

联合国教科文组织.教育——财富蕴藏其中[M].联合国教科文组织总部中文科,译.北京:教育科学版社,2014.

[日]日野原重明.活好[M].甘茜,译.北京:人民邮电出版社,2018.

[日]稻盛和夫.活法[M].周庆玲,译.北京:东方出版社,2005.

[日]稻盛和夫.干法[M].曹岫云,译.北京:华文出版社,2010.

[日]柳井正.经营者养成笔记[M].北京:机械工业出版社,2017.

[美]梭罗.瓦尔登湖[M].王义国译.北京:中国文联出版社,2015.

[美]约翰·杜威.我的教育信条:杜威论教育[M].彭正梅,译.上海:上海人民出版社,2017.

[英]休谟.人性论[M].张晖,译.北京:商务印书馆,1980.

[美]沃尔特·艾萨克森.列奥纳多·达·芬奇传:从凡人到天才的创造力密码[M].汪冰,译.北京:中信出版社,2018.

[德]雅斯贝尔斯.什么是教育[M].邹进,译.北京:生活·读书·新知三联书店,1991.

[法]卢梭.爱弥儿——论教育[M].李平沤,译.北京:人民教育出版社,1985.

[美]约翰·杜威.学校与社会·明日之学校[M].王承绪,译.北京:人民教育出版社,2005.

[美]约翰·杜威.民主主义与教育[M].王承绪,译.北京:人民教育出版社,2001.

[美]M.尼尔·布朗,斯图尔特·M.基利.走出思维的误区:批判性思维指南[M].张晓辉,马昕,译.北京:世界图书出版公司,2012.

宗萨蒋扬钦哲仁波切.八万四千问[M].严望佳,戚淑萍,译.深圳:深圳报业集团出版社,2016.

[美]卡罗尔·德韦克.终身成长:重新定义成功的思维模式[M].楚祎楠,译.南昌:江西人民出版社,2017.

[美]斯坦利·麦克里斯特尔,坦吐姆·科林斯,戴维·西尔弗曼,克里斯·富塞尔.赋能——打造应对不确定性的敏捷团队[M].林爽喆,译.北京:中信出版社,2017.

[美]戴维·W.约翰逊,罗杰·T.约翰逊.领导合作型学校[M].唐宗青,等译.上海:上海教育出版社,2003.

[美]约翰·杜威.我们如何思维[M].伍中友,译.北京:新华出版社,2010.

[法]埃哈尔·费埃德伯格.权力与规则——组织行动的动力[M].张月,等译.上海:上海人民出

版社,2008.

[英]加文·维特曼.发现未来:重塑世界的五大发明[M].张金凤,译.北京:中信出版社,2017.

[以色列]尤瓦尔·赫拉利.人类简史:从动物到上帝[M].林俊宏,译.北京:中信出版社,2017.

[加]迈克尔·富兰,彼得·希尔,[澳]卡梅尔·克瑞沃拉.突破[M].孙静萍,刘继安,译.北京:教育科学出版社,2009.

[美]丹尼尔·平克.全新思维:未来将属于那些拥有与众不同思维的人[M].林娜,译.北京:北京师范大学出版社,2006.

[美]卡罗琳·亚当斯·米勒.坚毅:培养热情、毅力和设立目标的实用方法[M].王正林,译.北京:机械工业出版社,2019.

[美]德布·柯蒂斯,玛吉·卡特.关注儿童的生活:以儿童为中心的反思性课程设计[M].郑福民,张博,译.北京:教育科学出版社,2015.

[美]盖伊·格朗兰德,玛琳·詹姆斯.聚焦式观察:儿童观察、评价与课程设计[M].梁惠娟,译.北京:教育科学出版社,2017.

[美]艾朗诺.美的焦虑:北宋士大夫的审美思想与追求[M].杜斐然,刘鹏,潘玉涛,译.上海:上海古籍出版社,2013.

[美]阿兰·柯林斯,理查德·哈尔弗森.技术时代重新思考教育:数字革命与美国的学校教育[M].陈家刚,程佳铭,译.上海:华东师范大学出版社,2013.

[奥]阿德勒.理解人性[M].汪洪澜,译.北京:中国城市出版社,2012.

[美]保罗·图赫.性格的力量——勇气、好奇心、乐观精神与孩子的未来[M].刘春艳,柴悦,译.北京:机械工业出版社,2013.

[美]理查德·保罗,琳达·埃尔德.思辨与立场:生活中无处不在的批判性思维工具[M].李小平,译.北京:中国人民大学出版社,2016.

[日]佐藤学.静悄悄的革命——课堂改变,学校就会改变[M].李季湄,译.北京:教育科学出版社,2014.

[日]佐藤学.教师的挑战:宁静的课堂革命[M].钟启泉,陈静静,译.上海:华东师范大学出版社,2012.

[美]瑞·达利欧.原则[M].刘波,綦相,译.北京:中信出版社,2018.

[美]彼得·蒂尔、布莱克·马斯特斯.从0到1:开启商业与未来的秘密[M].高玉芳,译.北京:中信出版社,2015.

[美]简·尼尔森.正面管教[M].玉冰,译.北京:北京联合出版公司,2016.

[美]约翰·格里高利.教学七律[M].陶秋月,译.北京:团结出版社,2018.

[美]卡尔·M.卡普.游戏,让学习成瘾[M].陈阵,译.北京:机械工业出版社,2015.

[美]阿兰兹.学会教学[M].丛立新,等译.上海:华东师范大学出版社,2007.

[美]罗伯特·福格林.行走于理性的钢丝上:理性动物的不确定生活[M].陈蓉霞,译.北京:新星出版社,2007.

[美]加涅.学习的条件和教学论[M].皮连生,等译.上海:华东师范大学出版社,1999.

[英]R.赖丁,S.雷纳.认知风格与学习策略——理解学习和行为中的风格差异[M].庞维国,译.上海:华东师范大学出版社,2003.

[美]彼得·圣吉.第五项修炼:学习型组织的艺术与实践[M].张成林,译.北京:中信书店,2018.

[法]米兰·昆德拉.无知[M].许韵,译.上海:上海译文出版社,2014.

[美]M.戴维·梅里尔.首要教学原理[M].盛群力,钟丽佳,等译.福州:福建教育出版社,2016.

[美]侯世达.我是个怪圈[M].修佳明,译.北京:中信出版社,2018.

[美]理查德·德威特.世界观:现代人必须要懂的科学哲学和科学史[M].孙天,译.北京:机械工业出版社,2018.

[美]波斯纳.学程设计:教师课程开发指南[M].赵中建,等译.上海:华东师范大学出版社,2003.

[美]海迪·海斯·雅克布斯.课程地图:展现实践成果与省思[M].卢美贵,等译.台北:心理出版社,2008.

[美]艾斯纳.教育想象——学校课程设计与评价[M].李雁冰,译.北京:教育科学出版社,2008.

[美]斯蒂金斯.促进学习的学生参与式课堂评价:第四版[M].国家基础教育课程改革"促进教师发展与学生成长的评价研究"项目组,译.北京:中国轻工业出版社,2005.

[美]丹·苏利文,[加]凯瑟琳·野村.终身学习:10个你必须掌握的未来生存法则[M].吴果锦,译.武汉:湖北教育出版社,2018.

[美]米歇尔·福柯.规训与惩罚[M].刘北成,杨远婴,译.北京:生活·读书·新知三联书店,2019.

[澳]拉梅什·玛诺查.安静吧,头脑[M].朱臻雯,译.上海:华东师范大学出版社,2017.

[美]比尔·波特.空谷幽兰[M].明洁,译.成都:四川文艺出版社,2018.

[美]亨利·米勒.北回归线[M].袁洪庚,译.南京:译林出版社,2013.

[美]文森特·赖安·拉吉罗.思考的艺术:非凡大脑养成手册[M].马昕,译.北京:世界图书出版公司,2010.

[美]G.波利亚.怎样解题:数学思维的新方法[M].涂泓,冯承天,译.上海:上海科技教育出版公司,2007.

[美]莫提默·J.艾德勒,查尔斯·范多伦.如何阅读一本书[M].郝明义,朱衣,译.北京:商务印书馆,2004.